Mein selbst genähtes

Dirndl

Dorothea & Birgitt Wilhelm

Mein selbst genähtes

Dirndl

Servus

LIEBE LESERIN!

Wir freuen uns sehr, dass Sie dieses Buch in den Händen halten und wir Sie inspirieren dürfen, ein Dirndl nach Ihren ganz eigenen Vorstellungen und Wünschen zu nähen.

Denn ein Dirndl lässt eine Frau erstrahlen. Es umspielt ihre Kurven. Im Dirndl ist eine Frau, nicht nur in Bayern und Österreich, immer passend gekleidet. Das Dirndl ist für uns das schönste Kleidungsstück, das in unserem Schrank hängt.

Ein selbst genähtes, maßgeschneidertes Dirndl ist noch einmal etwas ganz Besonderes: Das Dirndlmieder liegt eng am Körper an, Stoffe und Schnitt sind nach den eigenen Wünschen zusammengestellt. In einem Dirndl stecken viele Stunden Arbeit und Liebe.

Diese Liebe zum selbst genähten Dirndl möchten wir an Sie weitergeben.

Wir erklären Schritt für Schritt, wie Sie ihr eigenes Dirndl nähen: Angefangen bei der Auswahl des richtigen Trachtenstoffs, über die Variationsmöglichkeiten Ihres selbst genähten Dirndls, bis hin zu vielen Tipps und Tricks, damit das Dirndl richtig gelingt.

In diesem Buch erwarten Sie zwei auf Herz und Nieren geprüfte Schnittmuster für ein Balconette-Dirndl sowie ein hochgeschlossenes Dirndl des beliebten Trachtenschnittlabels »Dirndl-Schnitte«, herausgegeben von der Münchner Schnitt-Direktrice Katharina Jung. Alle Nähschritte sind einfach und verständlich erklärt, sodass auch Dirndl-Nähanfängerinnen sie leicht umsetzen können.

Und auch wenn Sie erst einmal mit einem kleinen Projekt anfangen möchten, wie das Nähen einer Dirndlschürze oder dem Ändern Ihres Dirndls, erhalten Sie in diesem Buch hilfreiche Anleitungen.

Außerdem haben wir für Sie Stoffkunde, Materialkunde, Pflegetipps und Tipps zum Ausführen des Dirndls zusammengestellt. Einfach alles, was Sie wissen müssen, wenn Sie ein Dirndl nähen und tragen.

Uns liegt das Dirndl besonders am Herzen. Wir haben diesem wunderschönen Kleidungsstück einen ganzen Blog gewidmet. Auf dirndlschleifchen.de teilen wir mit unseren Leserinnen DIY-Anleitungen zum Dirndlnähen, aber auch Trends aus der Trachtenmode und Shoppingempfehlungen rund um den Dirndlkauf.

Dirndlschleifchen ist aber nicht nur ein Dirndlblog, sondern eine ganze Community, die mit viel Liebe und Leidenschaft Dirndl näht, anpasst und trägt. In unserer Facebook-Gruppe und auf unseren Social-Media-Kanälen diskutieren mehrere Tausend Nähbegeisterte zu Trachtenstoffen, Schnittmustern und Nähtipps.

Sollte beim Nähen bei Ihnen mal etwas nicht klappen, macht das gar nichts. Kommen Sie in unsere Dirndlschleifchen-Community, teilen Sie Erfahrungen und Herausforderungen und profitieren Sie von dem großen Wissen anderer Dirndl-Schneiderinnen. Wir würden uns sehr freuen, wenn wir auch Sie dort begrüßen dürfen.

Wir wünschen Ihnen viel Freude beim Nähen Ihres Dirndls! Aber Achtung: Das Dirndl-Nähfieber ist ansteckend.

Ihre,
Birgitt & Dorothea Wilhelm

Blog: dirndlschleifchen.de
Facebook-Seite: facebook.de/dirndlschleifchen
Facebook-Gruppe: »Dirndl & Tracht: Nähen, Trends & Tipps I by Dirndlschleifchen«
Instagram: instagram.de/dirndlschleifchen
Pinterest: pinterest.de/dirndlschleifchen

Weitere Schnittmuster von »Dirndl Schnitte« für Erwachsenen- und Kinderdirndl sowie eine Herrenweste finden Sie im Online-Shop von »Dirndl Schnitte«: www.dirndlschnitte.de
Die Schnitte von Katharina Jung gibt es als E-Books zum Herunterladen und Ausdrucken.

INHALT

MIEDERANLEITUNG
BALCONETTE-DIRNDL
47

⁂

ANLEITUNG DIRNDLSCHÜRZE 93

TRAUMDIRNDL ZUSAMMENSTELLEN

In diesem Buch ist ein Schnittbogen mit zwei Dirndlschnitten enthalten. Sie können zwischen einem Schnitt mit Balconette-Ausschnitt und einem mit hochgeschlossenen Mieder wählen. Auf dem Schnittbogen finden Sie die Schnitte für die beiden Mieder einschließlich Futter von Größe 34 bis 50. Für Rock und Schürze benötigen Sie kein eigenes Schnittteil. Beide werden aus einem rechteckigen Stück Stoff genäht, die genauen Maße finden Sie im Kapitel »Material« sowie unter »Dirndlrock« und »Dirndlschürze«.

Bevor Sie loslegen und Stoff für Ihr Dirndl auswählen, machen Sie sich zuerst Gedanken, wie Ihr Dirndl am Ende aussehen soll. Wenn man sein Dirndl selbst näht, kann man es bis ins kleinste Detail nach seinen eigenen Wünschen gestalten: Angefangen vom Dirndlmieder, über den Rock bis hin zu den vielen Variationsmöglichkeiten einer Dirndlschürze. Die beliebtesten Möglichkeiten zur Personalisierung des Dirndls haben wir hier zusammengestellt. Für alle aufgeführten Optionen finden Sie die Anleitungen in diesem Buch.

VARIATIONEN AM MIEDER

- **Ausschnitt:** Wählen Sie zwischen Balconette- oder hochgeschlossenem Ausschnitt.
- **Verschluss:** Die Anleitungen in diesem Buch enthalten geknöpfte Dirndl, dies ist die beliebteste Verarbeitung, ein Dirndl zu schließen. Dirndl können alternativ mit Hakenleiste oder Reißverschluss geschlossen werden.
- **Paspol/Paspeln:** Paspeln lassen sich aus dem Mieder- oder Rockstoff selbst herstellen, alternativ kann man gekauftes Paspelband verarbeiten, dieses sollte in der gleichen Farbe wie der Stoff des Dirndlmieders gewählt werden.
- **Blickfang:** Auszier – Verzierungen am Ausschnitt – wie Froschgoscherl, Samtband oder Zierborten machen das Dirndlmieder zu einem ganz besonderen Hingucker. Verzierungen werden je nachdem mit der Hand oder der Nähmaschine aufgenäht.

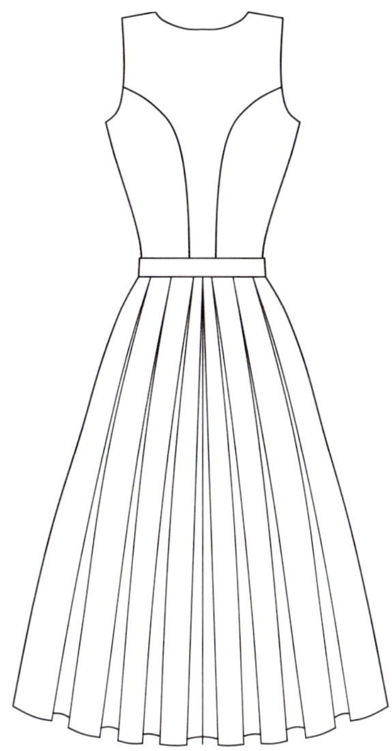

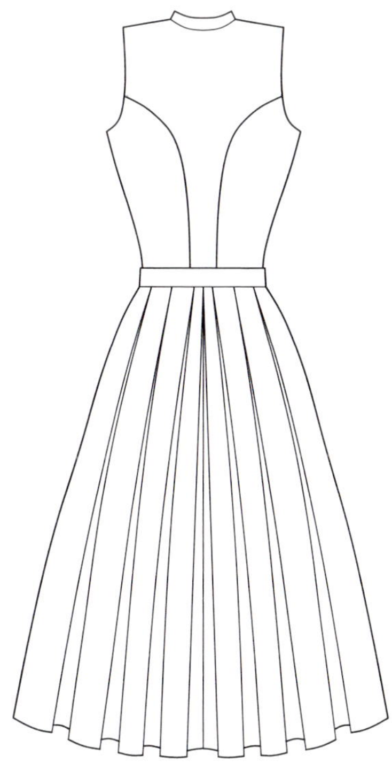

VARIATIONEN AM ROCK

· In Falten legen
· Stifteln
· Naht vorn und hinten bzw. mit Seitennähten

VARIATIONEN AN DER SCHÜRZE

· Einkräuseln
· In Falten legen
· Stifteln
· Lange Schleifenbänder aus Schürzenstoff
· Kurze Schürzenbänder vorn oder hinten mit Schließe
· Lange Satinbänder als Schürzenbänder

Stellen Sie sich Ihr selbst genähtes Dirndl so zusammen, wie es Ihnen gefällt. Wenn Sie sich für Ihr Traumdirndl entschieden haben, geht es an die Stoffwahl.

Die traditionelle Mindestrocklänge fürs Dirndl beläuft sich auf 70 cm. Der Dirndlrock endet unterhalb des Knies.

DIE RICHTIGEN STOFFE FÜRS DIRNDL

Für ein Dirndl verarbeitet man üblicherweise Trachtenstoffe. Darunter fallen Baumwollstoffe, Leinen, Trachtenjacquard, Seide, Samt oder synthetische Stoffe wie hochwertiges Polyester.

Baumwollstoffe sind preislich am günstigsten und einfachsten zu verarbeiten. Sie eignen sich gut für Dirndl-Nähanfängerinnen.

Jacquard, Seide & Co. sind teurer und werden eher für festliche, elegante Dirndl verwendet. Hinzu kommt, dass die Verarbeitung der Stoffe sich oftmals schwieriger gestaltet. Nähen Sie Ihr erstes Dirndl, starten Sie am besten mit einem Dirndl aus Baumwollstoff.

WELCHES GEWEBE FÜRS DIRNDL?

Für das Mieder greift man vorzugsweise zu hochwertigen Materialien wie Leinen, Jacquard oder Samt. Früher war Leinen besonders beliebt, da es sehr robust ist und man das Dirndl als Alltagsgewand viel trug.

Baumwollstoffe und Jacquard eignen sich sowohl für Mieder als auch Rock.
Für das Futter im Oberteil greift man zu einem leichten Baumwollstoff.
Für die Schürze empfiehlt sich ein Baumwollstoff, hochwertiges Trachtenpolyester oder (Halb-)Seide.

Klassische Trachtenstoffe sind meist mit einem Blumenstreumuster bedruckt. Blumenranken oder kleine Ornamente sind ebenfalls traditionell.

Beim Verarbeiten von Blumenmustern darauf achten, dass die Blumen auf dem Muster beim Zuschneiden und Nähen nach oben schauen und nicht auf dem Kopf stehen. Man nennt diese Muster daher auch Kopfmuster.

LEINEN

BAUMWOLLSTOFF

(HALB-)SEIDE

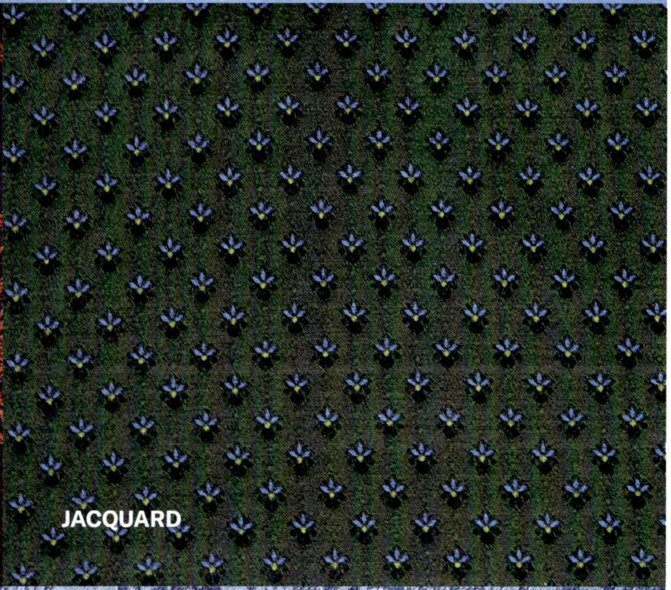

JACQUARD

TRACHTENPOLYESTER

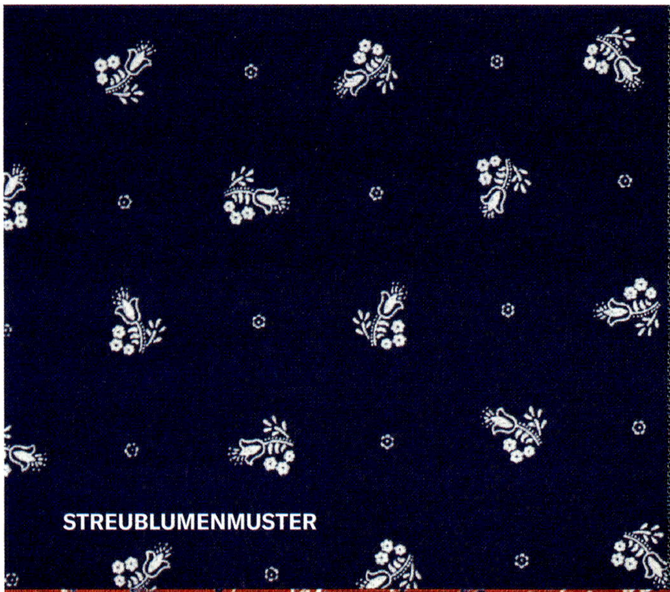

STREUBLUMENMUSTER

KLEINE BLÜMCHEN

FOLKLOREMUSTER

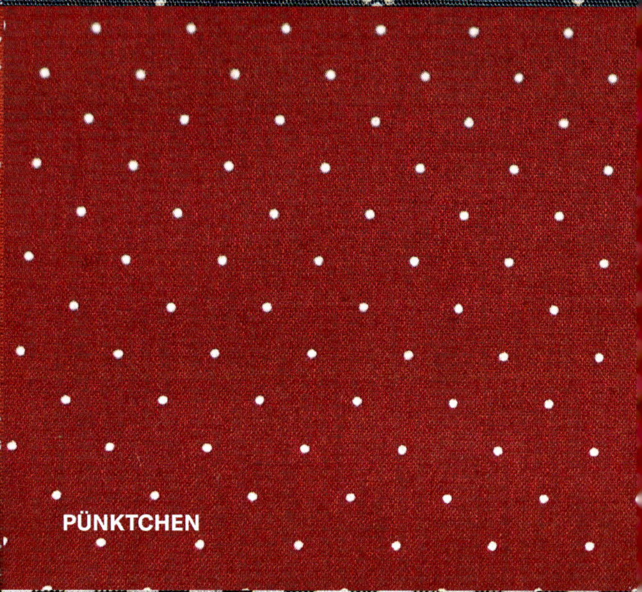

PÜNKTCHEN

KARIERT

ENRANKEN

AMENTE

BROKATMUSTER

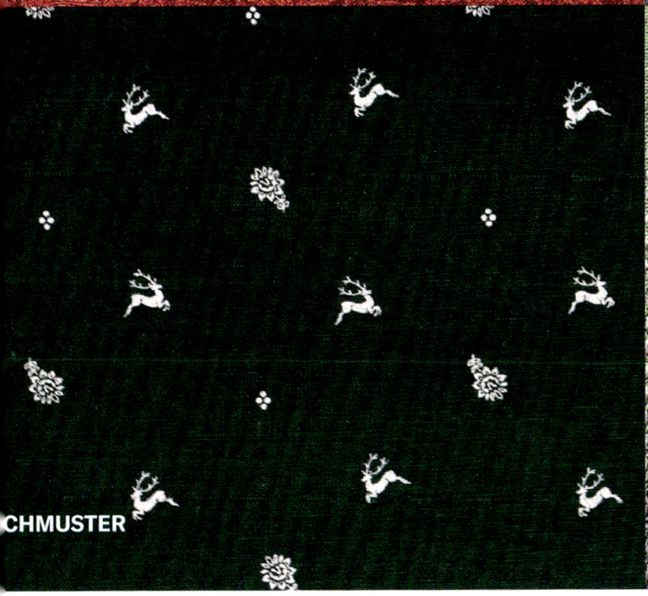
CHMUSTER

STREIFEN

WELCHE FARBEN UND STOFFE PASSEN ZUSAMMEN?

Kombination I

Kombination II

Kombination III

Kombinieren Sie für Mieder, Rock und Schürze nicht drei komplett unterschiedliche Farben und Muster. Wer unsicher ist, kann dieselbe Farbrichtung für Mieder und Rock wählen. Die Schürze setzt dann die Akzente.

Gedeckte Farben zeichnen die traditionelle Tracht in Bayern und Österreich aus. Darunter fallen Töne wie Beere, Lodengrün, Blau oder Rot. In Trachtenvereinen ist oft die Farbe Schwarz präsent. Fürs Dirndl darf es ruhig farbenfroh sein, muss es je nach persönlichem Geschmack aber nicht.

Grundsätzlich gilt: der Kreativität sind beim selbst genähten Dirndl keine Grenzen gesetzt. Wir haben die Erfahrung gemacht, dass die ein oder andere unsicher ist, welche Farb-, Muster- und Stoffzusammenstellung gut miteinander harmoniert. Mit dieser kleinen Hilfestellung klappt es sicherlich:

- **Kombination I:** Mieder und Rock aus dem gleichen Stoff, wie Baumwoll- oder Jacquardstoff, die Schürze aus einem anderen Stoff.
- **Kombination II:** Mieder und Rock in derselben Farbe, aber aus unterschiedlichen Gewebearten, z. B. ein einfarbiges Leinenmieder kombiniert mit einem Baumwollrock mit Streumuster in derselben Farbe, dazu eine andersfarbige Schürze aus Baumwolle oder Trachtenpolyester.
- **Kombination III:** Mieder und Rock farblich unterschiedlich, eine kräftige Farbe fürs Mieder, zum Beispiel Grün, kombiniert mit einem Rock in dezenter Farbe (z. B. Rosa). Dazu eine Schürze, die auf beide Stoffe abgestimmt ist, beispielsweise Lila; diese Farbkombination stellt das traditionelle Ausseer Dirndl dar.

Wenn man für Mieder und Rock unterschiedliche Farben wählt, orientiert man sich für die Schürze am besten an der Farbwelt des Rocks.

MUSTER

Großflächige Muster eignen sich für Rock oder Schürze. Wer zu einem auffälligen, großen Muster greift, sollte jedoch bei den restlichen Stoffen ein dezentes Muster wählen. Kleine Muster lassen sich für das ganze Dirndl gut verarbeiten, da das Gesamtbild stimmig bleibt. Ein gestreiftes Muster, zum Beispiel mit Blumenranken, sieht als Schürzenstoff sehr hübsch aus.
In Bayern und Österreich führen viele Stoff- und Trachtenmodengeschäfte Trachtenstoff. Zusätzlich gibt es dafür eigene Fachgeschäfte. Auch bieten immer mehr Online-Shops die Möglichkeit an, Dirndl- und Trachtenstoffe über das Internet zu beziehen. Eine Übersicht für von uns empfohlene Bezugsquellen findet sich im Serviceteil.

VORHER WASCHEN

Baumwolle und Leinen sollte man vor dem Verarbeiten waschen. Alternativ bügelt man diese Gewebearten heiß und mit Dampf ab. Durch das heiße Bügeln läuft der Stoff möglicherweise noch ein. Wäscht man den Stoff vor dem Nähen nicht, riskiert man, dass das fertig genähte Dirndl nach dem ersten Waschen zu eng oder zu kurz ist.

Wichtig ist, dass man auch den Baumwollstoff für das Futter wäscht oder heiß bügelt, denn er kann beim Waschen bzw. Bügeln unterschiedlich stark einlaufen. Da Oberstoff und Futter beim Dirndl exakt gleich groß sind, könnten sich sonst die beiden Stoffe unschön verziehen.

Trachtenjacquard, Seide und Samt müssen nicht vorgewaschen werden und sollten auch nicht in der Waschmaschine gewaschen werden. Sollten Dirndl dieser Gewerbeart schmutzig werden, lässt man sie idealerweise von einem Profi reinigen.

Baumwolle und Leinen bei 30° waschen, beim Schleudern maximal 400–600 Umdrehungen, auf Weichspüler verzichten.

VOM GWAND ZUM MODETREND

EINE TRACHTIGE GESCHICHTE

VON USCHI KORDA

Was ich trage, das bin ich – so kann man kurz die Einstellung unserer Vorfahren zur Tracht beschreiben. Allein das Wort leitet sich schlicht von »Tragen der Kleidung« bzw. »getragener Kleidung« ab, mit der man ab dem Mittelalter signalisierte, wo man dazugehörte. So entwickelten sich in den Alpentälern die unterschiedlichsten Trachtengewänder, mit denen die Frauen an Festtagen und zu besonderen Anlässen äußerlich zeigten, wo sie daheim sind. Diese Kleider waren prunkvoll bestickt, aufwendig verziert und aus den besten Stoffen kunstvoll geschneidert. Das war bei allen Bäuerinnen nahezu gleich. Wie reich aber der Hof war, konnte man am Schmuck erkennen. Je mehr Ketten auf der Kropfkette, umso wohlhabender die Trägerin. So manche, erzählt man sich noch heute in Tirol, konnte wegen der Mächtigkeit der Schließe am Hals den Kopf nicht mehr senken, musste also die Nase recht hoch tragen.

Egal jedoch, ob in den Bergen oder in den östlichen Ebenen, wo Dorfgemeinschaften ebenfalls ihr eigenes, ihr schönes Gewand kreierten: sämtliche Trachten waren von den Moden aus den großen Städten beeinflusst. Das kehrte sich erst im 19. Jahrhundert um, als die Städter zur Sommerfrische aufs Land fuhren und sich modisch von der ländlichen Tracht inspirieren ließen.

Während sich in Österreich die soziologischen Gemeinschaften aus den geografischen Gegebenheiten entwickelten und so die unterschiedlichsten Trachten entstanden, gab es in Bayern wegen der politischen Zersplitterung bis zu Beginn des 19. Jahrhunderts so gut wie kaum regionale Trachtengewänder. Erst mit der Gründung des Königreichs Bayern 1806 kamen die Wittelsbacher auf die Idee, den nun vereinten Franken, Schwaben, Pfälzern und Bayern mittels eines gemeinsamen Gewandes ein Identitätsgefühl zu verpassen.

1810 ließ Max I. Joseph zum ersten Oktoberfest Kinder und Jugendliche in Tracht aufmarschieren, 1835 wurde der erste Trachtenumzug veranstaltet und unter Max II. erlebten die Trachten Mitte des 19. Jahrhunderts einen richtigen Boom. Diese hatten allerdings keine historischen Wurzeln, sondern waren lediglich von der ländlichen Kleidung beeinflusst. Bei der Männertracht nahm man Anleihen bei der Jägerschaft und integrierte die Lederhose ins Gewand, bei den Frauen kam zunehmend das Dirndl ins Spiel.

EIN LEIBKITTEL WIRD MODE

Am Anfang war ein Unterkleid, mehr konnten sich die Mägde nicht leisten. Der sogenannte Leibkittel bestand aus einem wadenlangen Rock, der an ein Leibchen genäht wurde, und war zumeist aus Leinen, das aus den örtlichen Flachsfasern gewebt worden war. Bequem und weit waren die Kittel, sodass man damit arbeiten und schlafen konnte. Zum Tag-Gewand wurde die Unterwäsche, indem man sich eine Art Mieder darüber anzog, das vorn zugeknöpft oder hinten geschnürt wurde, dazu eine Schürze, zumeist gemacht aus alten Bettlaken. Damit gingen die Mägde, also die »Dirndln«, sonntags zur Kirche, wo sie im 19. Jahrhundert den Landschaftsmalern auffielen, die sie in ihren Bildern verewigten.

Auch die wohlhabenden Städterinnen auf Landurlaub warfen zunehmend ein Auge auf das schlichte aber figurbetonende Gewand, das alsbald nach ihren Trägerinnen »Dirndl« genannt wurde, und passten es ihren gehobenen Ansprüchen an. Zwar blieben Details wie Schürze, Abnäher und Borten erhalten, ansonsten hatte das Dirndl mit dem Leibkittel der Mägde aber nichts mehr gemeinsam. Schön langsam wurde es zum Sonntagskleid für Städterinnen, mit der zunehmenden Romantisierung des Landlebens und der allgemeinen Heimatbewegung Ende des 19. Jahrhunderts kehrte es auch wieder aufs Land zurück und wurde als Alltagskleidung integriert. Nach dem Missbrauch durch die Nazis verschwanden Tracht und Dirndl für einige Zeit von der Bildfläche, erleben aber seit den 1980er-Jahren eine Renaissance, bei der das Dirndl bei jeder Gelegenheit, von der Hochzeit über den Geschäftstermin bis zum Ball, modisch zum guten Ton gehört.

DIE STOFFE

Im Gegensatz zu den Festtagstrachten, die aus schweren Leinen- und Brokatstoffen geschneidert werden und weitervererbt eine halbe Ewigkeit halten, wird das Dirndl aus einfachen, pflegeleichten Materialien hergestellt. Das Aufkommen von Baumwollstoffen hat die Leinenröcke ersetzt, nur mehr für das Miederteil wird oft noch Leinen verwendet. Aus Baumwolle ist heute zumeist auch die Schürze, bei festlicheren Dirndln ist sie aus Seide.

Bei Farbe und Mustern sind dem modischen Gewand heute kaum Grenzen gesetzt, nur in den Trachtenhochburgen gelten noch eigene Regeln. So besteht zum Beispiel das Alltagsdirndl in Aussee aus einem rosa Baumwollrock mit weißen Streublumen, einem grünen Leib aus Leinen und einer lila Baumwollschürze mit Blumenranken. Diese werden traditionell mit alten Modeln im Handdruck auf die Stoffe aufgetragen. Laut Überlieferung steht das Grün für Wald und Wiese, das Rosa für die Almröschen und das Lila für den Enzian.

Gleich ums Eck am Grundlsee allerdings darf der baumwollene Leib entweder blau-weiß, rot-weiß, violett-weiß oder grün-weiß kariert sein. Passend dazu ist der Rock entweder rosa- oder blau-weiß geblümt und die Baumwollschürze einfärbig blau oder schwarz. Einzige Zierde: eine Stickerei in Rückenmitte, und so wie auch beim Ausseer Dirndl Perlmuttknöpfe, mit denen der Leib vorn geschlossen wird. Eine besondere Auszier hat das Semmering-Rax-Dirndl, für das die Farben Rot, Grün und Blau variiert werden können: der Leib ist zusätzlich mit einer Blende versehen, auf der eine Art Viadukt als Reminiszenz an die Semmeringbahn gestickt ist.

DAS BSCHEISSERL ALS BLICKFANG

Jede Dirndlträgerin weiß: es ist das Dekolleté, das die Blicke auf sich zieht. Dafür muss zunächst der Leib eng und gut sitzen, sodass die Brust nicht zusammengepresst, sondern gehoben wird. Deshalb knöpft man das Dirndl beim Anziehen auch von unten nach oben zu. Ebenfalls eine wesentliche Rolle spielt die Dirndlbluse, die mit dem Dirndl gemeinsam eine figurbetonte Einheit bildet. Sie ist fast immer weiß und lenkt mit raffinierten Ausschnitten die Aufmerksamkeit aufs Dekolleté. Die Ausschnitte sind meist rund, mehr oder weniger tief, manchmal auch hochgeschlossen. Sie sind oft mit Schrägbändern eingefasst und werden manchmal mit einem hellen Perlmuttknopf vorn in der Mitte verschlossen. Allen Dirndlblusen gemeinsam ist, dass sie sehr kurz sind und gerade einmal in den Leib passen. Deshalb werden sie auch Bscheißerl genannt, weil sie den Betrachter »bescheißen« indem sie vortäuschen, eine richtige Bluse zu sein. Manche behaupten auch, weil sie falsche Tatsachen vorspiegeln und die Oberweite optisch vergrößern. Klassisch ist übrigens ein Puffärmel auf der Bluse, allerdings sind alle Varianten möglich. Auch bei der Verzierung gibt es kaum Grenzen. Ob gestickte Monogramme, Kreuzstichmuster, Rüschen oder gar Froschgoscherl – handgenähte Borten, die durch Raffen des Stoffes entstehen –, bleibt dem Geschmack der Trägerin überlassen.

DER TRICK MIT DER MASCHE

Die Geschichte der Tracht ist eng verbunden mit versteckten Codes. Sei es die Zugehörigkeit zu Talgemeinschaften oder Wohlstand, die mit winzigen Details signalisiert wurden. Als alte Tradition gilt deshalb auch das Anzeigen des Familienstandes mittels Position der Schleife der Dirndlschürze. Tradition, mag sein, eingebürgert hat sie sich aber erst vor knapp vierzig Jahren im Zuge der Wiederbelebung von Trachtenvereinen. Als Erleichterung beim Anbandeln soll eine Schleife auf der linken Seite signalisieren, dass die Dirndl-Trägerin noch zu vergeben, eine auf der rechten Seite, dass sie gebunden oder verheiratet ist. Sitzt die Schleife am Rücken, soll sie Witwenschaft anzeigen. In vielen Regionen Österreichs und Bayerns pfeift man allerdings auf diesen Kodex und bindet die Masche nach guter, alter Tradition auf dem Rücken. Auch aus optischen Gründen, weil sie geschickt den Rückenteil vom bauschigen Rock trennt und damit die Figur streckt. Dafür sollte sie aber schön gebunden sein. Der Trick dabei ist, es genau anders herum als bei einem Schuh zu machen: Die Bänder zunächst mit einem Knoten festziehen, damit später nichts verrutscht. Das untere Band in eine kleine Schlaufe legen und darauf achten, dass sie glatt bleibt. Das obere Band um die kleine Schlaufe herum legen, und dahinter ebenfalls als Schlaufe durchziehen. Jetzt vorsichtig auseinanderzupfen und die Größe der Schleife so anpassen, dass sie nicht größer als die Enden ist. Auf keinen Fall einen Doppelknoten machen und aufpassen, dass nicht allzu viel zerknittert. Im Idealfall soll die Masche an die abstehenden Ohren der Mickymaus erinnern, egal ob sie links, rechts oder hinten getragen wird.

WELCHES DIRNDL FÜR WELCHEN ANLASS?

In Bayern, Österreich und Teilen Südtirols, wo die Tracht ihre Heimat hat, trägt man das Dirndl oft und gerne. Beliebt ist es nicht nur zu besonderen Anlässen, sondern auch in alltäglichen Situationen. Dies unterscheidet das Dirndl von der traditionellen Festtagstracht, die man sonntags oder bei hohen Anlässen wie kirchlichen Feiertagen trägt.

Es gilt der Ausspruch: Im Dirndl ist eine Frau immer gut angezogen.

WASCHDIRNDL

Das Waschdirndl ist ein einfaches Gewand aus Baumwolle. Es kommt ohne viel Chichi aus und kann in der Waschmaschine gewaschen werden. Der unkomplizierte Waschgang hat ihm seinen Namen verliehen. Um ein Waschdirndl zu tragen, braucht es keine besondere Gelegenheit – es ist ein richtiges Alltagskleidungsstück.

FESTLICHES DIRNDL

Dirndl, die man zu besonderen und festlichen Anlässen wie Hochzeiten ausführt, sind meist aus hochwertigen Stoffen wie Seide, Samt oder Jacquard gefertigt, reich verziert und geschmückt. Dazu gehören Stickereien am Mieder, aber auch Borten wie Froschgoscherl. In den Verzierungen stecken meist viele Stunden Handarbeit.

BRAUTDIRNDL

Viele Frauen heiraten im Dirndl. Das Hochzeitsdirndl kann in Weiß gehalten sein, muss es aber nicht. Getragen kann alles werden, was festlich elegant ist. Beliebt dazu ist die farblich passende Weste, auch Gilet genannt, für den Herrn.

DIE TRADITIONELLE TRACHT

Das Dirndl, wie wir es heute tragen und in diesem Buch nähen, ist Teil der Trachtenmode. Es entwickelt sich kontinuierlich weiter. Heute sind andere Stoffmuster, Farben und Schnitte modern wie es noch vor einigen Jahren der Fall war. Das ist das Erfolgsrezept, warum das Dirndl heute so beliebt ist: Es geht einfach mit der Zeit.

Neben dem Dirndl besteht die traditionelle Tracht, die von Trachtenvereinen gelebt und kultiviert wird. Sie entwickelte sich in Bayern und Österreich im 19. Jahrhundert. Zu dieser Zeit wurden in Bayern viele Trachtenvereine gegründet. Auch die Gebirgstracht, zu der auch die Chiemgauer oder Tölzer Tracht gehören, hatte zu diesem Zeitpunkt ihre Geburtsstunde. Noch heute halten sich Trachtenvereine strikt an die Bekleidungsvorgaben der historischen Tracht, die man im 19. Jahrhundert festgelegt hatte.

TÖLZER TRACHT

Verheiratete und ältere Frauen tragen meist den sogenannten Schalk aus schwarzer Seide, der in über 100 Handarbeitsstunden aufwendig hergestellt wird. Dazu wird eine Seidenschürze kombiniert. Das Miedergewand ist unverheirateten Frauen vorbehalten. Anders als beim Schalk wird das Seidentuch hier über dem Obergewand getragen.

CHIEMGAUER TRACHT

Die unverheiratete Frau trägt Mieder, einen Rock mit weißer Bluse, Schürze, Fransentuch und schwarze Trachtenschuhe. Verheiratete Trachtlerinnen erkennt man am sogenannten Röcki aus schwarzer, handgereihter Seide. Auffälliger Bestandteil der Chiemgauer Tracht ist der Priener Hut, der an Festtagen mit Goldquaste getragen wird, an Sonntagen mit Samtborte.

MIESBACHER TRACHT

Auch in der Miesbacher Festtagstracht trägt die verheiratete Frau Schalk, die unverheiratete Frau kleidet sich mit einem roten Miedergewand. Dazu kombiniert sie einen langen Rock, ergänzt durch ein versteiftes Mieder. Es wird mit einer langen silbernen Geschnürkette geschlossen. Der lodengrüne Hut mit Gamsbart rundet die Miesbacher Tracht der Frau ab.

PONGAUER TRACHT

Schwarzes Miederkleid – aufwendig mit Perlen, Strass, Steinen oder Rüschen aufgeputzt, Seidenschürze, Seidentuch und vielgliedrige Kropfkette. Bänderhut, an der Unterseite mit Gold bestickt. Die beiden langen, bestickten Seidenbänder reichen am Rücken bis zum Rocksaum.

VORARLBERGER TRACHT

Die Bregenzer Frauentracht ist wohl die älteste Tracht im Alpenraum. Ihre Ursprünge gehen bis ins 15. Jahrhundert zurück. Zentraler Bestandteil für die Frau ist die Juppe. Das Mieder der Juppe ist rot oder schwarz und mit Goldstickereien versehen. Im Ausschnitt steckt der Blätz (Stecktuch). Über den schwarzen Rock trägt man eine blaue Schürze.

TEGERNSEER TRACHT

In den 1950er-Jahren des 20. Jahrhunderts erlebt die Tracht eine Renaissance und die moderne Tracht von heute entwickelt sich. Sie folgt keinen so strengen Vorgaben wie zum Beispiel die Gebirgstracht. Im Gegenteil: Schnitt, Farben und Stoffe lassen sich nach Belieben kombinieren.

Spenzergewand bestehend aus Mieder mit Arm und Schosserl. Zum Spenzer kombiniert die Frau Rock und Dirndlschürze. Die Tegernseer Tracht wird ohne Bluse getragen.

AUSSEER DIRNDL

Das Ausseer Dirndl aus dem Salzkammergut ist aufgrund seiner typischen Farbgebung eines der bekanntesten Dirndl. Es ist ein klassisches Alltagsgewand und besteht aus drei Farbelementen: Einem grünen Lodenmieder, einem rosa Baumwollrock und einer lila Schürze mit Blumenranken.

GRUNDLEGENDES FÜRS SELBST GENÄHTE DIRNDL

Wenn Sie ein Dirndl selbst nähen oder Änderungen am Dirndl, wie Weiten oder Kürzen, vornehmen, sollten Sie idealerweise Grunderfahrungen im Nähen haben. Ein Dirndl zu nähen ist ein Projekt, das Verständnis mit der Nähmaschine und dem Nähen von Hand voraussetzt.

Haben Sie bereits erste eigene Nähprojekte aus gewebtem Stoff, also nicht mit dehnbarem Stoff wie Jersey, mit der Nähmaschine abgeschlossen, können Sie sich ohne Probleme an ein Dirndl wagen. Sie finden in diesem Buch genaue Anleitungsschritte mit vielen Bildern, sodass Ihr Projekt gut gelingt.

DIE RICHTIGE GRUNDAUSSTATTUNG

Für die meisten Nähschritte werden Sie Ihre Nähmaschine nutzen. Manche Schritte, wie das Nähen eines Blindstichs, sollten Sie von Hand erledigen. Folgende Ausstattung benötigen Sie, unabhängig vom Dirndlschnittmuster, für das Sie sich entscheiden:

- Nähmaschine mit Reißverschluss-Nähfuß zum Paspelnähen
- Bügeleisen und Bügelbrett – beim Dirndlnähen ist das Bügeln unabdingbar
- Armbügelbrett
- Stoffschere
- Maßband
- Fadenschere
- Nähnadeln
- Trennmesser
- Nähgarne
- Stecknadeln
- Schneiderkreide
- Handmaß
- Geodreieck
- Kopierpapier
- Kopierrädchen
- Essstäbchen/Kochlöffel zum Wenden der Schürzenbänder

Vgl. Materialliste für weitere Details (S. 43)

Einige Nähte nähen Sie beim Dirndl mit der Hand. Das ist nicht schwer, doch sollte man vorher an einem Stück Stoff üben, wenn man es noch nie gemacht hat.
Auch Rüschen und Zierborten am Mieder wie die Froschgoscherlborte (siehe S. 118) bekommen mit der Hand ihren letzten Schliff. Hohe Handwerkskunst in der Tracht ist das Stifteln einer Schürze oder eines kompletten Dirndlrocks. Dies ist nicht schwer, doch dafür zeitintensiv. Eine ausführliche Anleitung findet sich auf S. 101.

TRACHTEN- UND NÄHBEGRIFFE KENNEN

Paspol, Kittelblech und Froschgoscherl – die Tracht kennt eine Menge eigener Begriffe. Das Glossar erklärt die im Buch genutzten Begriffe (ab S. 132).
Neben Trachtenbegriffen nutzen wir in diesem Buch gängige Nähbegriffe und Abkürzungen:

- Stoffbruch: Stoffkante, an der der Stoff gefaltet ist und damit doppelt liegt
- Rechts: vordere, schöne Stoffseite
- Links: Rückseite des Stoffes
- Fadenlauf (FL): Ausrichtung der Schnittteile parallel zur Webkante des Stoffes
- NZ: Nahtzugabe
- SN: Seitennaht
- r-a-r: rechte Stoffseite auf rechte Stoffseite legen
- l-a-l: linke Stoffseite auf linke Stoffseite legen
- RV: Reißverschluss
- RV-Nähfuß: Reißverschluss-Nähfuß
- HM: hintere Mitte
- VM: vordere Mitte

PAPIERSCHNITT ABNEHMEN

In diesem Buch sind zwei Dirndlschnittmuster enthalten. Bevor Sie mit dem Nähen beginnen, muss der Schnitt auf dünnes, durchscheinendes Schnittpapier übertragen werden. Die genannten Anleitungsschritte beziehen sich auf den abgenommenen Papierschnitt.

RICHTIG MASS NEHMEN

EIGENE MASSE MESSEN

Das Dirndlmieder sitzt eng anliegend am Oberkörper. Die richtige Passform ist deshalb das Wichtigste. Nur wer genau Maß nimmt, dem passt das Dirndl am Ende auch richtig.

Zur Bestimmung der Maße sind ein Maßband und ein Spiegel nötig. Stellen Sie sich vor den Spiegel und bitten Sie eine zweite Person um Hilfe. Wer an sich selbst Maß nimmt, läuft Gefahr, zu verrutschen und ungenau zu messen. Das Dirndl passt möglicherweise am Ende nicht.

KÖRPERMASSE

Brustweite	Um die Oberweite herum, an der stärksten Stelle der Brust
Taillenweite	Um die Taille, den schmalsten Punkt des Oberkörpers herum
Hüftweite	Um die stärkste Stelle des Pos herum
Gesamtlänge	Vom Scheitel bis zur Fußsohle

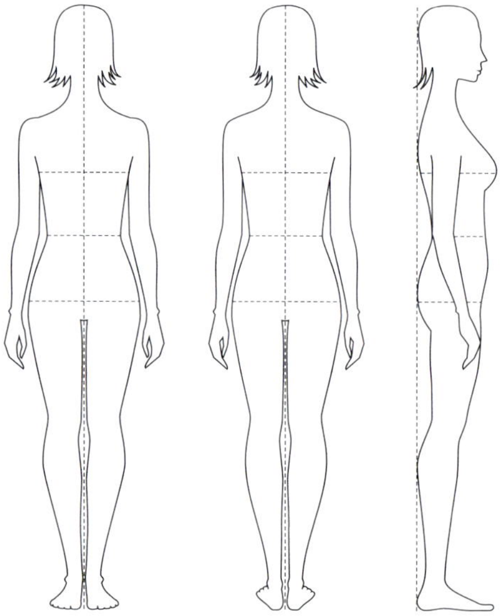

Nehmen Sie Ihre Maße in Unterwäsche, am besten in einem Dirndl-BH, und tragen Sie keine Hose.

Manchmal fällt es schwer, die eigene Taille zu bestimmen. Binden Sie sich eine Schürze oder einen Gürtel fest um den Bauch. Alternativ können Sie einen Knopflochgummi mit einem Knopf nutzen. Schürze, Gürtel oder Gummi rutschen automatisch an die schmalste Stelle des Oberkörpers. Dort, wo die eng sitzende Linie verläuft, befindet sich die Taille.

Ihren Hüftumfang können Sie für das Dirndlmieder vernachlässigen, da der Dirndlrock sehr weit fällt.

Wundern Sie sich nicht, wenn die neu gemessenen Maße nicht mit der Kleidergröße übereinstimmen, die Sie sonst kaufen. Die Bekleidungsindustrie gibt Kleidergrößen unterschiedlich aus. Um das Dirndl in der richtigen Größe zu schneidern, sollten Sie sich genau an Ihre tatsächlich genommenen Maße halten.

DIRNDLGRÖSSE BESTIMMEN

Lesen Sie aus der Maßtabelle Ihre Größe ab. Sollten Ihre Maße zwischen zwei Größen liegen, können Sie beim Schnitterstellen/-abzeichnen zwischen beiden Größen zeichnen. Beispielsweise können Sie bei der Brust die größere Größe für Ihren Schnitt nehmen und bei einer schlankeren Taille als die angegebenen Maße in der Tabelle zur kleineren Größe verlaufend zeichnen.

MASSTABELLE Körpermaße in cm

Größe	34	36	38	40	42	44	46	48	50
Brustweite	80	84	88	92	96	100	104	110	116
Taillenweite	62	66	70	74	78	82	86	92	98
Hüftweite	86	90	94	98	102	106	110	116	122
Gesamtlänge/Körpergröße	168	168	168	168	168	168	168	168	168

Im Balconette-Dirndl kommen weibliche Rundungen in großen Größen vorteilhafter zur Geltung.

PROBEMIEDER

In den meisten Fällen passt das genähte Dirndlmieder nicht auf Anhieb. Wir alle haben unterschiedliche Körper, sodass das Mieder auf unsere eigenen Proportionen angepasst werden muss. Dafür sind in den Anleitungen zu beiden Miedern ausführliche Änderungserklärungen enthalten.

Unter gewissen Umständen kann ein Probemieder vorab trotzdem Sinn machen, zum Beispiel wenn Ihre genommenen Maße keine klare Größe in der Maßtabelle ergeben. Möglicherweise haben Sie einen breiteren Rücken, mehr Oberweite oder weniger Taille. Das ist völlig normal, erfahrungsgemäß hat fast keine Frau die angegebenen Maße.

Sollten Sie sich unsicher sein, ob Ihr Dirndlmieder aufgrund Ihrer Näherfahrungen gelingt, kann ein Testmieder ebenfalls hilfreich sein. Sie sammeln dabei Nähsicherheit und -erfahrung und können ausprobieren, ob die Wiener Nähte und das Einarbeiten des Paspols gelingen.

Das Probemieder näht man normalerweise aus Baumwolle oder Nessel(tuch). Auf Futter, Besatz und Einlage können Sie verzichten. Sie nähen nur die einzelnen Stoffteile des Dirndlmieders zusammen.

Mit dem Probemieder lässt sich überprüfen, ob der erstellte Schnitt richtig passt und an welcher Stelle man das Schnittmuster gegebenenfalls anpassen muss. Die Änderungen können für das richtige Dirndlmieder direkt übernommen werden.

Sollte bei Ihrem selbst genähten Dirndl einmal etwas nicht klappen, kommen Sie in unsere Dirndlschleifchen-Community: dirndlschleifchen.de

MATERIAL, STOFFVERBRAUCH UND NÄHZUBEHÖR

MIEDER: BALCONETTE-DIRNDL

Oberteil	Gr. 34–Gr. 42 = 90 cm Gr. 44–Gr. 50 = 1,30 m	Stoffbreite 140 cm
Baumwoll-Futter fürs Oberteil	0,7 m	Stoffbreite 140 cm
Vlieseline z. B. G710 oder H180	2,00 m	Breite 90 cm
Paspolschnur oder fertiges Paspolband (wer die Paspeln nicht selbst macht)	3,50 m	3 mm Stärke
Knöpfe	9–11 Stück	Je nach Größe

MIEDER: HOCHGESCHLOSSENES DIRNDL

Oberteil	1,00 m	Stoffbreite 140 cm
Baumwoll-Futter fürs Oberteil	0,7 m	Stoffbreite 140 cm
Vlieseline z. B. G710 oder H180	2,00 m	Breite 90 cm
Paspolschnur oder fertiges Paspolband (wer die Paspeln nicht selbst macht)	3,00 m	3 mm Stärke
Knöpfe	9–12 Stück	Je nach Größe

ROCK

Rock	2 x Rocklänge + 20 cm	Stoffbreite 140 cm
Optional: Stiftelband (Hansl) fürs Stifteln	3 m	10 Reihen

DIRNDLSCHÜRZE

Dirndlschürze eingekräuselt oder in Falten gelegt	1 x Rocklänge + 40 cm Gr. 34–Gr. 40 1,25 m für längsgestreifte Stoffe Gr. 42–Gr. 50 1,40 m für längsgestreifte Stoffe	Stoffbreite 140 cm
Dirndlschürze gestiftelt	Gr. 34–Gr. 38: 1,00 m Gr. 40–Gr. 44: 1,15 m Gr. 46–Gr. 50: 1,50 m Wer die Schürze über die komplette Breite stiftelt, benötigt eine Breite von 1,40 m–1,50 m	Stoffbreite 140 cm
Bundfix oder ein Stück Vlieseline	0,5 m	Fertige Bundbreite 3 cm

OPTIONAL FÜR DIE DIRNDLSCHÜRZE

Dirndlschließe		1 Stück
Satinband	Gr. 34–36: 1,25 m x 2 Gr. 38–40: 1,35 m x 2 Gr. 42–44: 1,40 m x 2 Gr. 46–48: 1,45 m x 2 Gr. 50: 1,50 m x 2	Breite 5 cm
Stiftelband (Hansl), alternativ klein karierter Baumwollstoff	Gr. 34–Gr. 38: 1,00 m Gr. 40–Gr. 44: 1,15 m Gr. 46–Gr. 50: 1,50 m Wer die Schürze über die komplette Breite stiftelt, benötigt eine Breite von 1,40–1,50 m	10 Reihen
Knopflochgarn (für die gestiftelte Schürze)	1 Rolle	Mit 30 Metern

Farblich passendes Nähgarn und Overlockgarn

Bezugsquellen zu Dirndlstoffen und Zubehör finden Sie ab S. 130 (Serviceteil).

MIEDERANLEITUNG

BALCONETTE-DIRNDL

ZUSCHNEIDEN

Naht- und Saumzugaben sind im Schnitt nicht enthalten, bitte mit folgenden Naht- und Saumzugaben zuschneiden: Seitennähte 3 cm, Miederunterkante 3 cm, alle anderen 1 cm.

ANZAHL DER ZUSCHNITTE

Oberstoff	
Mittl. Vorderteil	2 ×
Seitl. Vorderteil	2 ×
Seitl. Rückteil	2 ×
Mittl. Rückteil im Bruch	1 ×

Futterstoff (fürs Oberteil)	
Mittl. Vorderteil (ab Anstoßlinie)	2 ×
Seitl. Vorderteil	2 ×
Seitl. Rückteil	2 ×
Mittl. Rückteil im Bruch	1 ×

Paspol

- Schrägstreifen für Paspol 2,8 cm breit (einschl. Nahtzugaben) mit einer Gesamtlänge von ca. 3 m oder
- Fertiges Paspelband nutzen, Gesamtlänge von ca. 3 m

Einlage

- z. B. Vlieseline G710 oder H180
- Gleiche Schnittteile zuschneiden wie aus dem Oberstoff, siehe Zuschneideplan

OBERSTOFF ZUSCHNEIDEN

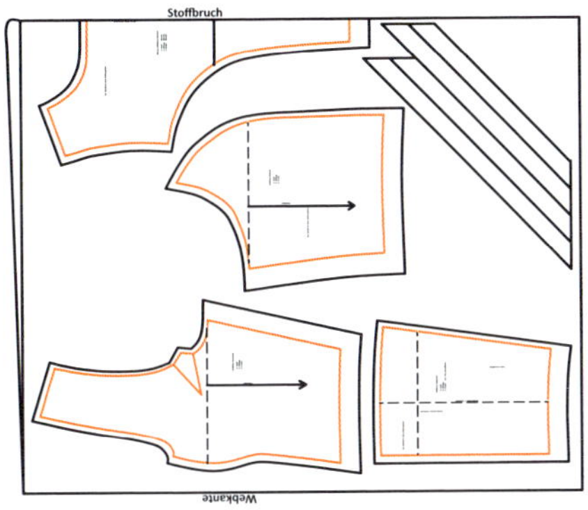

Den Oberstoff gemäß des Zuschneideplans zuschneiden, Naht- und Saumzugaben am Oberteil im Zuschneideplan beachten:

Die Papierschnittteile im Fadenlauf auf den einmal gefalteten Oberstoff stecken. Die rechte Stoffseite liegt dabei oben. Denn liegt die rechte Stoffseite nach außen, lässt sich das Muster des Stoffes besser sehen und unglückliche Musterunfälle können vermieden werden. Die Nahtzugaben am Oberstoff mit Schneiderkreide anzeichnen.

Schrägstreifen mit einer Breite von 2,8 cm direkt auf den Stoff zeichnen. Die Breite der Schrägstreifen ist so berechnet, dass der fertig genähte Paspol neben der Schnur 1 cm breit ist. Dies entspricht der Nahtzugabenbreite an den Nähten, in die der Paspol eingenäht wird (siehe Paspolanleitung S. 52).

Den Oberstoff entlang der Kreidelinie zuschneiden. Die Oberstoffteile zusammen mit dem Papierschnitt auf die gefaltete Einlage legen und feststecken.

Auf sauberes und genaues Zuschneiden achten. Es spart viel Zeit und Nerven, wenn die Nahtzugabenbreite ganz exakt ist. Zudem auf den Fadenlauf des Stoffes achten.

EINLAGE ZUSCHNEIDEN

Die Einlage direkt an der Stoffkante entlang zuschneiden (siehe Zuschneideplan). Darauf achten, dass auch Gewebeeinlage einen Fadenlauf hat.

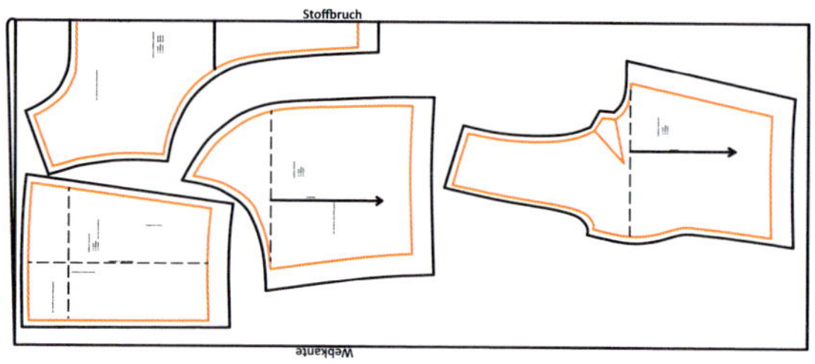

FUTTER ZUSCHNEIDEN

Den Papierschnitt des Vorderteils entlang der Futteranstoßlinie auseinanderschneiden (vergleiche Zuschneideplan sowie Naht- und Saumzugaben). Nur das seitliche, abgeschnittene Teil als Futterteil zuschneiden. Die Oberstoffteile mit dem Papierschnitt und der Einlage zusammen im geraden Fadenlauf auf den Futterstoff stecken. Am abgeschnittenen Papierschnitt vom Vorderteil die Nahtzugaben mit Kreide anzeichnen.

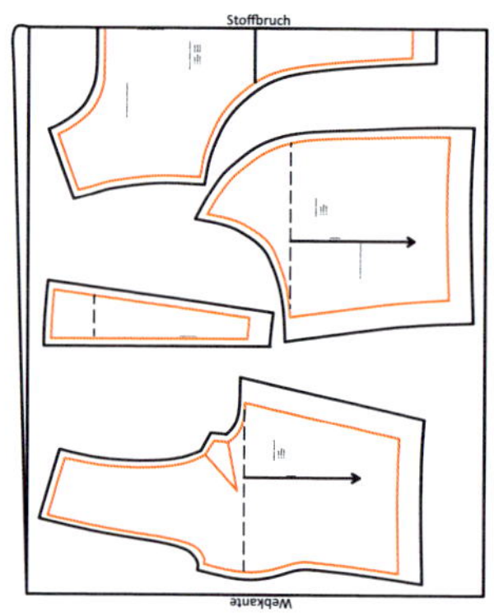

MIEDERTEILE VORBEREITEN

Den Papierschnitt entfernen und die einzelnen Stoff-, Einlage- und Futterlagen paarweise sortieren. Beim Oberstoff und Futter die linke Stoffseite mit Schneiderkreide markieren.

Die Einlage auf die linke Stoffseite des Oberstoffes aufbügeln. Die beklebten Oberstoffteile zum Auskühlen flach hinlegen, idealerweise über Nacht.

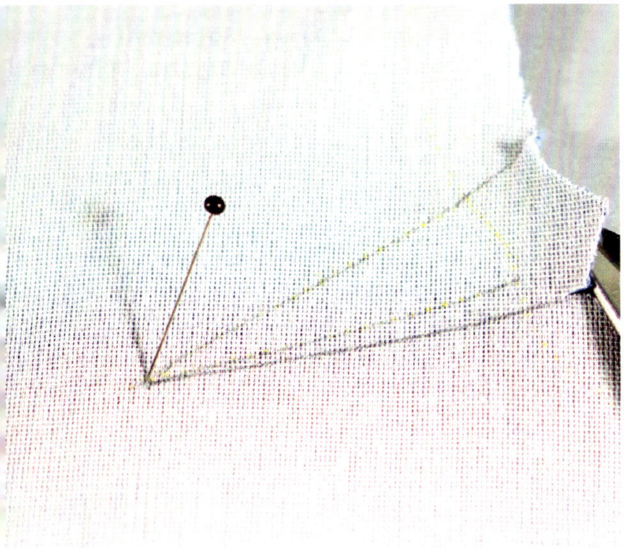

Das Abnäherende wird markiert und die Abnäherschenkel eingezwickt.

Die gebügelten und gehefteten Vorderteile.

Die überstehende Einlage an der Oberstoffkante entlang abschneiden, da man sich später beim Zusammennähen der Teile an der Schnittkante des Oberstoffs orientiert.

Beim Aufbügeln der Einlage ein Stück Stoff unterlegen, damit die Haftmasse nicht Bügelbrett und Bügeleisen verklebt. Am besten erst mit Stoff- und Einlageresten eine Bügelprobe machen, um Temperatur und Bügeldauer zu testen.

Die Markierungen vom Schnitt auf die linke, beklebte Stoffseite übertragen. Dafür das Kopierpapier so doppelt legen, dass die beschichtete Seite jeweils außen ist: Den Papierschnitt nochmal auf die Oberstoffteile auflegen, Nahtzugabenbreite dabei beachten und das doppelt gefaltete Kopierpapier zwischen die beiden Stofflagen schieben. So werden beide Stofflagen auf einmal markiert.

Abnäherschenkel mit Kopierpapier und Kopierrädchen durchradeln. Das Abnäherende mit einer Stecknadel durchstechen und auf der linken Stoffseite mit einem Punkt markieren. Die Abnäherschenkel im Armloch durch beide Stofflagen ca. 2 mm tief einzwicken. Die VM als Hilfslinie auch mit Kopierpapier durchradeln. Die vordere Kante/Umbruch am Ausschnitt und am Saum einzwicken. Am Rückteil die HM einzwicken. Beim Futter ebenfalls den Abnäher durchradeln, die Abnäherspitze und die Abnäherschenkel markieren. Im Futterrückteil die HM zwicken.

Die Linie der VM mit einem kontrastfarbigen Faden von Hand nachheften. Diese Linie ist später für die Anprobe wichtig.

An den mittleren Vorderteilen den angeschnittenen Beleg an der vorderen Kante/Umbruch (Zwicke) nach innen umbügeln. Dabei auf das Muster vom Stoff achten.

PASPOL NÄHEN

Wer den Paspol nicht selbst herstellen möchte, kann fertiges Paspelband nehmen. Dieses gibt es in verschiedenen Farben zu kaufen. Fahren Sie in diesem Fall direkt bei dem Anleitungspunkt »Rückenteil mit Paspol verarbeiten« fort. In den Nähschritten des hochgeschlossenen Dirndls ist ein industriegefertigtes Paspolband verarbeitet (vgl. S. 68 – Anleitung hochgeschlossenes Dirndl).

PASPOL SELBST NÄHEN

Die diagonal zum Fadenlauf geschnittenen einzelnen Schrägstreifen werden zu einem langen Schrägband zusammengenäht. Schrägstreifen zum Zusammensetzen rechtwinklig r-a-r aufeinanderlegen. Die Streifen an den schrägen Seiten 0,5 cm gegeneinander verschieben.
Zwischen den Kreuzungspunkten zusammennähen. Nahtenden sichern. Die Nahtzugaben auseinanderbügeln und die überstehenden Ecken abschneiden.

Zum Paspolnähen den Reißverschluß-Nähfuß verwenden. Die Paspolschnur mittig auf die linke Stoffseite des Schrägbandes legen, diese einklappen und mit dem RV-Nähfuß auf der rechten Stoffseite so nah wie möglich neben der Paspolschnur steppen. Das fertige Paspol hat eine Nahtbreite von 1 cm neben der Paspolschnur.

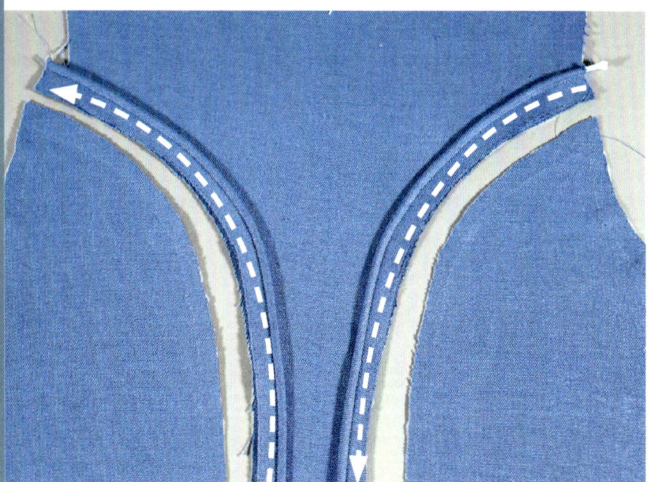

RÜCKENTEIL MIT PASPOL VORBEREITEN

Den Paspol an die Wiener Nähte des mittleren Rückteils stecken: rechts auf rechts, Schnittkante (vom Paspol) auf Schnittkante (vom Rückteil).
An der rechten Naht oben am Armloch beginnen, sodass die Köpfe der Stecknadeln in Nährichtung nach unten zeigen und so beim Nähen mit dem RV-Fuß leicht rausgezogen werden können. Bei der linken Naht vom Saum her beginnen. Den Paspol mit dem RV-Fuß ganz nah an der Paspolschnur auf der Nahtlinie vom Paspol aufsteppen.

Die paspolierte Wiener Naht im Rückteil nähen: Das mittlere Rückteil auf das seitliche Rückteil stecken. R-a-r und Schnittkante auf Schnittkante. Am Armloch beginnen (auf Nahtecken/Nahtabstiche achten, vgl. Glossar) und sich Stück für Stück um die Rundung vorarbeiten. Die Stecknadeln wieder so einstechen, dass die Köpfe in Nährichtung zeigen.

Bei der anderen Naht vom Saum her beginnen. Die Stecknadelköpfe zeigen wieder in Nährichtung, sodass sie beim Nähen mit dem RV-Fuß leicht rausgezogen werden können.

Die Wiener Nähte wieder mit dem RV-Fuß auf der schon genähten Naht vom Paspol entlang zusammennähen. Die Nahtzugaben der Wiener Nähte zusammen jeweils zur HM hin bügeln.

VORDERTEIL VORBEREITEN

Die Brustabnäher im seitlichen Vorderteil von der breiten Stelle im Armloch zur Abnäherspitze nähen. Dazu die Abnäherzwicke aufeinanderlegen, die rechte Stoffseite liegt innen. Unter die Nähmaschine legen und am breiten Anfang vernähen. Die Nähmaschinennadel mit dem Handrad in den Stoff drehen, ein Handmaß an die Nadel anlegen. Das Handmaß verläuft auf der Kreidelinie entlang zum Abnäherende (Kreidepunkt). Jetzt am Handmaß entlang den Abnäher gleichmäßig auslaufend nähen. Am Abnäherende aus dem Stoff herausnähen und an diesem Ende nicht vernähen, sondern die Fadenenden verknoten.

Abnäher am Armbügelbrett oder über die Rundung vom Bügelbrett bügeln, damit die Rundung für den Busen, die man gerade hineingenäht hat, nicht beim Bügeln wieder vollkommen platt gebügelt wird.

Damit nichts verrutscht, beim Stecken die Kanten oben und unten mit Stecknadeln fixieren. Bei gekauftem Paspelband: Von links mit der Hand leicht gegen den Paspol drücken und den Paspol führen, um zu verhindern, dass er beim Nähen verrutscht.

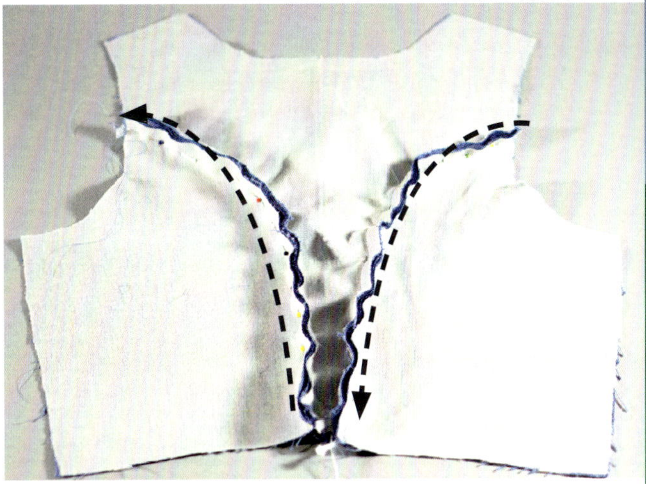

Die Nährichtungen der Wiener Nähte im gesteckten Rückteil.

MIEDER NÄHEN (OHNE FUTTER)

Die »Busennaht« auf zwei Etappen bügeln. Einmal von oben zum Brustpunkt und die zweite Etappe vom Saum her zum Brustpunkt bügeln.

Sollte die Stichplatte Ihrer Nähmaschine keine Markierung von 3 cm haben, einfach bei 3 cm einen Klebestreifen auf die Stichplatte kleben.

Teilungsnähte im Vorderteil: Die beiden seitlichen Vorderteile an die mittleren Vorderteile stecken. Dabei jeweils vom Ausschnitt beginnen. Oben an der Naht entsteht wieder eine kleine Nahtecke.

Die Naht mit 1 cm NZ nähen. Die NZ auseinanderbügeln, dabei die Form der Brust beibehalten und nicht platt bügeln.

Die beiden Vorderteile an den Schultern an das Rückteil stecken: Die Schulternähte r-a-r und Schnittkante auf Schnittkante stecken und mit 1 cm NZ nähen. Schulternähte vorsichtig auseinanderbügeln.

Die Seitennähte zur I. Anprobe nur provisorisch zusammennähen. Da die Nähte nach der Anprobe wieder aufgetrennt werden, diese mit einem langen Stich (Stichlänge 5) nähen.

Die Seitennähte r-a-r und Schnittkante auf Schnittkante stecken. Die Seitennähte mit einer Nahtzugabe von 3 cm und einem langen Stich provisorisch zur I. Anprobe zusammennähen. Die Nahtzugaben auseinanderbügeln.

I. ANPROBE

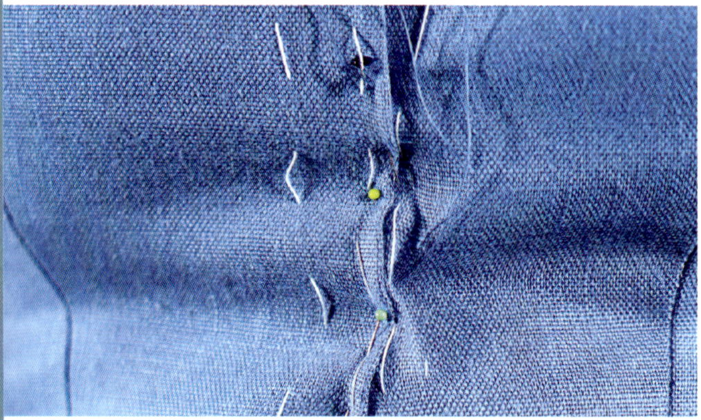

Da beim Dirndl eine gute Passform das A und O ist, ist die I. Anprobe sehr wichtig, um zu sehen, was möglicherweise noch geändert werden muss.

Das Mieder so zusammenstecken, dass die durchgehefteten Linien der vorderen Mitte von Obertritt und Untertritt genau übereinanderliegen.

Die nachfolgenden Schritte sind optional und individuell an den eigenen Körper anzupassen. Wenn möglich eine zweite Person bitten, die Änderungen abzustecken.

ÄNDERUNGEN AN DER SCHULTER

Zuerst den Sitz der Schultern überprüfen und eventuell nur an einer Seite stecken. Wir sind alle nicht ganz gerade gewachsen, einseitige Änderungen sind bei einem so eng sitzenden Kleidungsstück wie einem Dirndl völlig normal.

Sollte das hintere Armloch im Bereich der Schulterblätter abstehen (siehe oberes Bild), den oberen Bereich der Wiener Naht auftrennen und das seitliche Rückteil etwas weiter unter das mittlere Rückteil schieben und feststecken. Dies ist eine Änderung, die oft nur einseitig gemacht werden muss.

Sollte das Armloch im Vorderteil abstehen, den Abnäher im seitlichen VT tiefer stecken. Eventuell die vordere Teilungsnaht enger stecken beziehungsweise die Taillierung unter der Brust stärker herausarbeiten (siehe unteres Bild).

FORM UND TIEFE DES AUSSCHNITTS UND ARMLOCHS

Form und Tiefe des Ausschnitts und des Armlochs überprüfen. Dies gilt besonders, wenn an der Schulternaht gehoben wurde. Dabei berücksichtigen, dass nach dem Nähen durch die Nahtzugabe 1 cm verschwinden wird.

ÄNDERUNGEN VON INNEN ANZEICHNEN

Die Änderungen der Anprobe mit Kreide auf der linken Stoffseite anzeichnen. Zuerst an der Seitennaht beginnen, wenn dort Änderungen zu machen sind.

Die Seitennähte wieder auftrennen. Die Änderungen von innen mit Schneiderkreide, dort wo mit Stecknadeln die Änderungen markiert wurden, anzeichnen.

Die Stecknadeln der Anprobe wieder herausziehen. An den Schulternähten eine neue, 1 cm breite Nahtzugabe von der markierten Linie entfernt anzeichnen. Einseitigkeiten beachten.

An der neuen NZ-Linie abschneiden und den »Schnipsel« aufbewahren. Die abgeschnittenen Schulter-Schnipsel vom Oberstoff r-a-r auf das Futter stecken. Bei Einseitigkeiten darauf achten, diese richtig herum zu arbeiten (spiegelverkehrt zum Oberstoff).

Das Futter entlang der Schnipselkante abschneiden. Die neue Schulternaht im Futter mit einer Nahtzugabe von 1 cm nähen und auseinanderbügeln.

Für alle Änderungen gemäß dieses Prinzips fortfahren: Änderungen anzeichnen, umsetzen und auf das Futter mithilfe der abgeschnittenen Schnipsel übertragen.

ABNÄHER

Den tiefer gesteckten Abnäher von innen mit Schneiderkreide anzeichnen. Den ursprünglichen Abnäher auftrennen und den neuen Abnäher mit Kreide anzeichnen.

Futter und Oberstoff r-a-r aufeinanderstecken und die neuen Abnäherzwicke sowie das Abnäherende auf das Futter übertragen.

Die neuen tieferen Abnäher im Oberstoff und Futter nähen. Am breiten Anfang vernähen, am Endpunkt nicht vernähen, sondern die Fadenenden verknoten. Die Abnäher nach unten bügeln.

WIENER NAHT

Die überstehende NZ auf 1 cm zurückschneiden und den Schnipsel aufbewahren. Die äußeren Stecknadeln wieder herausziehen.

Von innen Stecknadeln auf die NZ stecken. Dabei auf die Richtung der Nadelköpfe achten, da wegen des Paspols die Naht wieder mit dem

RV-Nähfuß genäht wird. Das offene Stück der Naht mit dem RV-Nähfuß wieder schließen.

Bei einseitigen Änderungen darauf achten, diese beim Futter richtig herum zu arbeiten.
Den abgeschnittenen Schnipsel der Wiener Naht im seitlichen Rückteil r-a-r auf das Futter stecken. Das Futter an der Kante des Schnipsels entlang abschneiden.

TEILUNGSNAHT

Die Änderungen an der vorderen Teilungsnaht von innen mit Schneiderkreide anzeichnen. Die Stecknadeln herausziehen und überprüfen, ob das Markierte eine sinnvolle Linie ergibt. Die Nahtzugaben glatt bügeln, damit man die Änderungen besser sehen und zurückschneiden kann.

Eine neue, 1 cm breite NZ von der markierten Linie entfernt anzeichnen. An der neuen NZ-Linie abschneiden und den abgeschnittenen Schnipsel aufbewahren.

Das Futter l-a-l aufeinanderlegen. Die abgeschnittenen Schnipsel vom Oberstoff r-a-r auf das Futter stecken. Das Futter an der Kante entlang abschneiden.

Die vorderen Teilungsnähte neu r-a-r, Schnittkante auf Schnittkante zusammenstecken, dabei am Ausschnitt beginnen. Die Naht mit 1 cm NZ nähen.

Die alte Naht auftrennen, um sie leichter auseinanderbügeln zu können. Die NZ im Vorderteil auseinanderbügeln, dabei die Form des Busens beibehalten und nicht platt bügeln. Auf zwei Etappen bügeln.

FUTTER NÄHEN

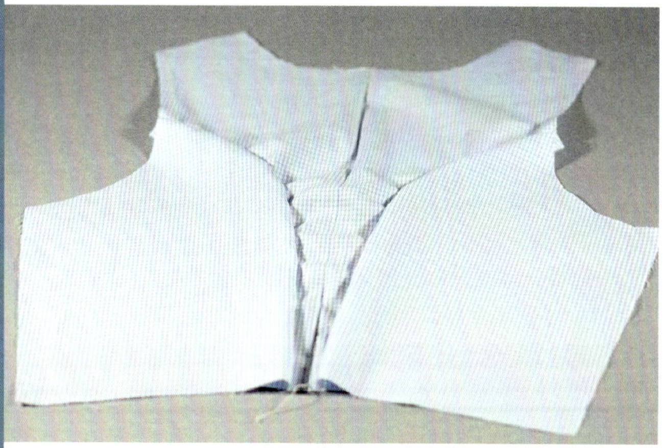

So werden die Futterteile im Rücken zusammengesteckt.

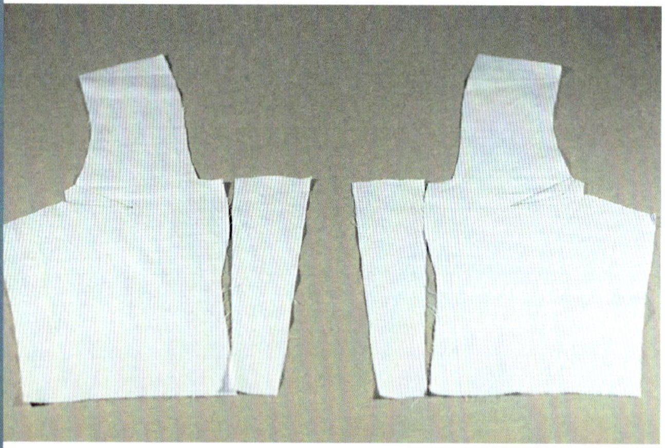

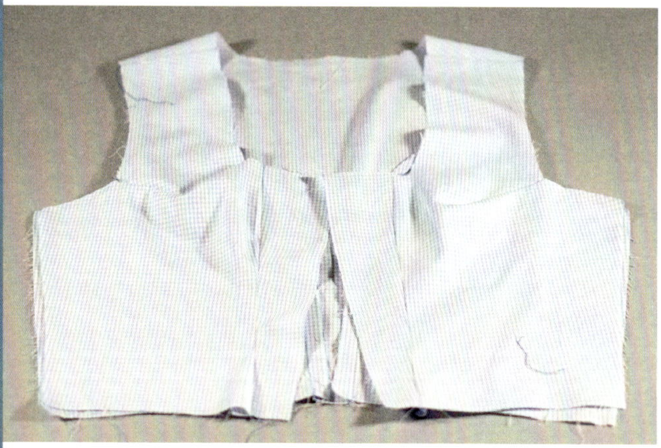

Die Wiener Naht im Rückteil r-a-r und Schnittkante auf Schnittkante zusammenstecken. Vom Armloch her beginnen, da möglicherweise die Längen nicht mehr aneinanderpassen, wenn an der Naht etwas geändert wurde.

Die Wiener Nähte im Rückteil mit 1 cm NZ nähen. Wie beim Oberstoff beide Nähte zusammen zur HM bügeln.

Die vorderen Teilungsnähte im Futter r-a-r und Schnittkante auf Schnittkante aufeinanderstecken und mit 1 cm Nahtzugabe nähen. Die NZ auseinanderbügeln.

Nachdem Futtervorderteil und -rückteil zusammengenäht sind, die Schulternähte im Futter r-a-r und Schnittkante auf Schnittkante aufeinanderstecken. Mit 1 cm NZ nähen und auseinanderbügeln.

ÄNDERUNGEN AM ARMLOCH

Sollte an den Armlöchern oder am Ausschnitt etwas zu ändern sein, folgendermaßen vorgehen:

Die Armlöcher vom Oberstoff I-a-I aufeinanderstecken und mit der Schneiderkreide den neuen Verlauf des Armlochs anzeichnen sowie schneiden. Den abgeschnittenen Schnipsel wieder aufheben. Der Schnipsel vom Oberstoff wird nun auf das zusammengesteckte Futter-Armloch gesteckt. An der Kante den überstehenden Stoff wegschneiden.

AUSSCHNITT UND ARMLÖCHER PASPOLIEREN

An den Armlöchern den Paspol aufstecken. r-a-r, Schnittkante (vom Paspol) auf Schnittkante (vom Armloch), sodass die Köpfe der Stecknadeln in Nährichtung zeigen und sich beim Nähen (mit dem RV-Fuß) leicht herausziehen lassen. Beim zweiten Armloch gleich vorgehen.

Paspol mit dem RV-Fuß sehr nah an der Paspolschnur auf der Nahtlinie vom Paspol aufsteppen. Nun den Ausschnitt paspolieren. Dabei wieder auf die Richtung der Stecknadelköpfe achten. Mit dem Nähen genau in der vorderen Kante beim Umbruch/Zwick beginnen und wieder an der vorderen Kante/Umbruch enden.

Futter und Oberstoff zusammennähen: Dazu das Futter r-a-r an den angeschnittenen Beleg vom Oberstoff stecken. Das Futter mit 1 cm NZ an den Oberstoff mit dem normalen Nähfuß nähen. Die NZ auseinanderbügeln.

Das Paspolende an der VM nach oben wegklappen und den angeschnittenen Beleg r-a-r und Schnittkante auf Schnittkante auf den Ausschnitt stecken. Die Nähte (Abnäher, Schulter- und Teilungsnähte) von Oberstoff und Futter sollten genau aufeinandertreffen.

Die Stecknadelköpfe schauen wieder in Nährichtung. Auch an den Armlöchern das Futter r-a-r und Schnittkante auf Schnittkante auf die paspolierten Armlöcher stecken. Die Richtung der Stecknadeln beachten. Wieder mit dem RV-Nähfuß nähen.

Nun Ausschnitt und Armlöcher verstürzen und dabei auf der schon einmal genähten Naht (vom Nähen des Paspols auf den Oberstoff) steppen.

Ist man zu weit von der vorherigen Naht des Paspols entfernt, an der Stelle noch einmal näher an der Naht nähen. Nicht jedoch auf die Paspolschnur nähen.

Die Nahtzugabe von Ausschnitt und Armlöchern über die gesamte Länge bis kurz vor der Naht einschneiden. So lassen sich nach dem Wenden die Kurven schön legen.

An der vorderen Kante bei der Nahtzugabe eine Ecke herausschneiden, damit die Stelle nach dem Wenden nicht so dick aufträgt und eine schöne Ecke ergibt.

Das Mieder wenden: Dazu die Vorderteile etwas »einrollen« und durch die Schulter nach hinten durchziehen. Die Öffnung zum Wenden durch die Schulter ist dabei sehr schmal, trotzdem nicht davon beirren lassen. Je nach Stoffart gelingt das Wenden unterschiedlich leicht. Die Ecke an der VM des Ausschnitts beim Wenden schön nach außen drücken. Die Kanten von Ausschnitt und Armlöchern von der rechten Seite kantig bügeln und dabei den Paspol »herausdrehen«.

Die Kanten von Futter und Oberstoff l-a-l zusammenstecken, sodass es bei Futter und Oberstoff keine Züge oder Falten gibt. Sollte das Futter etwas zu weit sein und überstehen, wegschneiden.

Füßchenbreit zusammensteppen.

Die noch überstehenden Paspolenden wegschneiden. Die Seitennähte bei 3 cm, oder wie bei der I. Anprobe festgelegt, r-a-r zusammenstecken. Es werden also vier Lagen, jeweils Oberstoff (2 x) und Futter (2 x), zusammengenäht. Dabei vom Armloch beginnen und darauf achten, dass die Armausschnittkanten bei der Naht (also 3 cm innerhalb) aufeinanderpassen. Für die II. Anprobe mit einer langen Stichlänge zusammennähen. Die Nahtzugaben vorsichtig auseinanderbügeln.

II. ANPROBE

Die zweite Anprobe hilft, die Passform zu überprüfen und den Taillenring festzulegen. Für die II. Anprobe wieder die durchgehefteten Linien der vorderen Mitten übereinanderstecken und die Passform überprüfen.

Ein Taillenmaßband oder ein anderes Band um die »echte« Taille legen und am unteren Rand mit Stecknadeln entlang stecken. Der Taillenring sollte gerade verlaufen.

OBERTEIL FERTIGSTELLEN

Die provisorische Seitennaht wieder auftrennen. Die gesteckte Taillenlinie mit kontrastfarbigem Garn von Hand durchheften. Von der gehefteten Taillenlinie messen, wo sich die schmalste Nahtzugabenbreite befindet und überall diese Breite abmessen und anzeichnen.

Die Nahtzugabe überall auf diese schmale Breite zurückschneiden. Die Seitennähte und die Saumlinie vom Oberteil mit der Overlock oder einem Zickzackstich der normalen Nähmaschine versäubern. Jetzt die Seitennähte endgültig mit der normalen Stichlänge und einer Nahtzugabe von 3 cm, oder wie bei der Anprobe festgelegt, nähen.
Die Naht nicht bis ganz hinunter nähen, sondern nur bis 5 mm unterhalb der gehefteten Taillenlinie.

Die Seitennaht auseinanderbügeln.

Da das Mieder nun dank der Anpassungen passt, ist der kniffelige Teil schon geschafft. Knopflöcher und Knöpfe werden erst ins Dirndl eingenäht, wenn der Rock angenäht ist. Auf Seite 82 mit der Anleitung zum Rocknähen fortsetzen.

MIEDERANLEITUNG

HOCH-GESCHLOSSENES DIRNDL

MIT STEHKRAGEN

ZUSCHNEIDEN

Naht- und Saumzugaben sind im Schnitt nicht enthalten, bitte mit folgenden Naht- und Saumzugaben zuschneiden: Seitennähte 3 cm, Miederunterkante 3 cm, alle anderen 1 cm.

ANZAHL DER ZUSCHNITTE

Oberstoff

Mittl. Vorderteil	2 ×
Seitl. Vorderteil	2 ×
Seitl. Rückteil	2 ×
Mittl. Rückteil im Bruch	1 ×
Kragen im Bruch	2 ×

Futterstoff (fürs Oberteil)

Mittl. Vorderteil (ab Anstoßlinie)	2 ×
Seitl. Vorderteil	2 ×
Seitl. Rückteil	2 ×
Mittl. Rückteil im Bruch	1 ×

Paspol

- Schrägstreifen für Paspol 2,8 cm breit (einschl. Nahtzugaben) mit einer Gesamtlänge von ca. 3 m oder
- Fertiges Paspelband nutzen, Gesamtlänge von ca. 3 m, in dieser Anleitung ist ein fertiges Paspelband verarbeitet

Einlage

- z. B. Vlieseline G710 oder H180
- Gleiche Schnittteile zuschneiden wie aus dem Oberstoff, siehe Zuschneideplan

OBERSTOFF ZUSCHNEIDEN

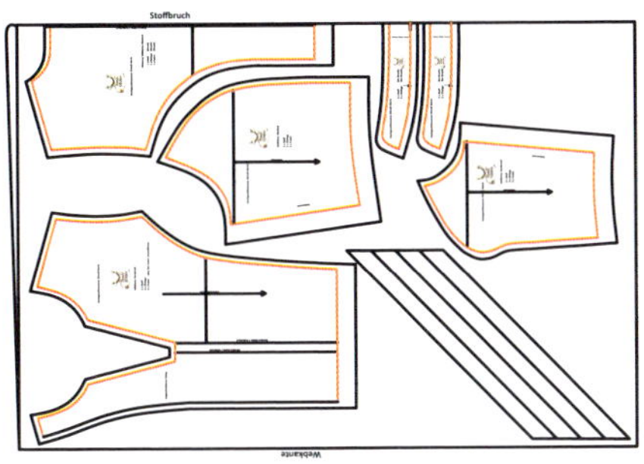

Den Oberstoff gemäß des Zuschneideplans zuschneiden, dafür die Naht- und Saumzugaben beachten:

Die Papierschnittteile im Fadenlauf auf den einmal gefalteten Oberstoff stecken. Die rechte Stoffseite liegt oben. Die Nahtzugaben am Oberstoff mit Schneiderkreide anzeichnen.

Für selbst genähtes Paspol die Schrägstreifen mit einer Breite von 2,8 cm direkt auf den Stoff zeichnen. Die Breite der Schrägstreifen ist so berechnet, dass der fertig genähte Paspol neben der Schnur 1 cm breit ist. Dies entspricht der Nahtzugabenbreite an den Nähten, in die der Paspol eingenäht wird (siehe Paspolanleitung Balconette-Dirndl S. 52).

ZUSCHNEIDEPLAN EINLAGE/VLIESELINE

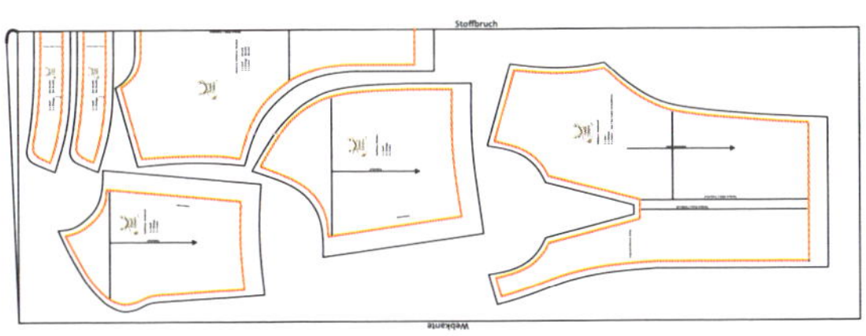

Den Oberstoff entlang der Kreidelinie zuschneiden. Die Oberstoffteile zusammen mit dem Papierschnitt auf die doppelt gefaltete Einlage legen und feststecken.

Die Einlage direkt an der Stoffkante entlang zuschneiden (siehe Zuschneideplan). Darauf achten, dass auch Gewebeeinlage einen Fadenlauf hat.

ZUSCHNEIDEPLAN FUTTER

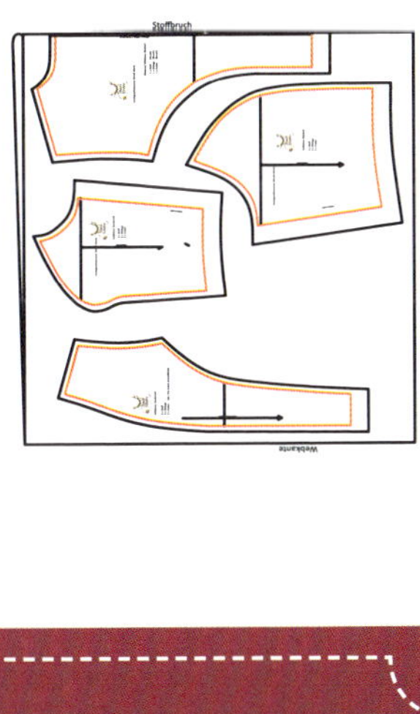

Den Papierschnitt des Vorderteils entlang der Futteranstoßlinie auseinanderschneiden (vergleiche Zuschneideplan sowie Naht- und Saumzugaben). Nur das seitliche, abgeschnittene Teil aus Futter zuschneiden. Die Oberstoffteile mit dem Papierschnitt und der Einlage zusammen im geraden Fadenlauf auf den Futterstoff stecken.

Am abgeschnittenen Papierschnitt vom Vorderteil die Nahtzugaben mit Kreide anzeichnen. Das Futter direkt entlang der Stoffschnittkante zuschneiden.

MIEDER VORBEREITEN

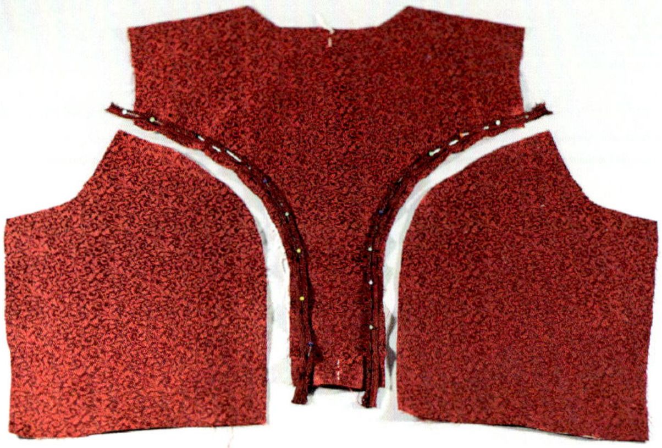

Den Papierschnitt herunternehmen und die einzelnen Stoff-, Einlage- und Futterlagen paarweise sortieren. Bei Oberstoff und Futter die linke Stoffseite mit Schneiderkreide markieren.

Die Einlage auf die linke Stoffseite des Oberstoffes aufbügeln. Die beklebten Oberstoffteile zum Auskühlen flach hinlegen, idealerweise über Nacht.

Beim Aufbügeln der Einlage ein Stück Stoff unterlegen, damit die Haftmasse nicht Bügelbrett und Bügeleisen verklebt. Am besten erst mit Stoff- und Einlageresten eine Bügelprobe machen, um Temperatur und Bügeldauer zu testen.

Die überstehende Einlage an der Oberstoffkante entlang abschneiden, da man sich später beim Zusammennähen der Teile an der Schnittkante des Oberstoffs orientiert.

Nun die Markierungen vom Schnitt auf den Stoff übertragen. Dafür mit einer kleinen spitzen Schere 2–3 mm tief in den Stoff einzwicken. Am Vorderteil die vordere Kante/den Umbruch am Saum und am Ausschnitt einzwicken. Am Rückteil die HM einzwicken. Bei den beiden Kragenteilen die HM und die Markierungen für die Schulter einzwicken. Im Futter-Rückteil auch die HM zwicken.

Paspol herstellen und an das Rückteil nähen, vgl. hierzu Balconette-Dirndl, Anleitung S. 52 – Rückenteil mit Paspol vorbereiten.

MIEDER NÄHEN

Wiener Naht ohne Paspol

Wenn die Wiener Naht im Vorderteil ohne Paspol genäht wird, die Teile r-a-r und Schnittkante auf Schnittkante so aufeinanderstecken, dass beim Nähen das (mittlere) Vorderteil oben liegt. Darauf achten, das seitliche Vorderteil im oberen Bereich nicht auszudehnen. Die Wiener Naht mit einer Nahtzugabe von 1 cm zusammennähen. Dabei wieder auf die Nahtecken achten.

An den mittleren Vorderteilen den angeschnittenen Beleg an der vorderen Kante (Zwicke) nach innen umbügeln. Dabei das Stoffmuster berücksichtigen.

Die VM am Ober- und Untertritt 1,5 cm breit neben dem gebügelten Bruch mit Schneiderkreide anzeichnen. Die Linie der VM mit einem kontrastfarbigen Faden von Hand nachheften. Diese Linie ist später für die Anprobe wichtig.

Den Paspol an die Wiener Nähte der (mittleren) Vorderteile stecken. R-a-r und Schnittkante (vom Paspol) auf Schnittkante (vom VT).

Bei großer Oberweite empfiehlt es sich, auf den Paspol im Vorderteil zu verzichten, da er zusätzlich aufträgt und den Blick auf den Busen zieht.

Beim rechten Vorderteil, die schöne Stoffseite liegt oben, mit dem Stecken des Paspols oben am Armloch beginnen. Die Stecknadeln wieder so stecken, dass die Köpfe in Nährichtung zeigen. Beim linken Vorderteil vom Saum beginnen.

Den Paspol mit dem RV-Nähfuß ganz nah an der Paspolschnur auf der Nahtlinie vom Paspol aufsteppen.

Am linken Vorderteil, die schöne Stoffseite liegt oben, am Armloch beginnen, das vordere Seitenteil auf das (mittlere) Vorderteil zu stecken. R-a-r und Schnittkante auf Schnittkante. In der Rundung Stück für Stück vorarbeiten, immer die Schnittkanten aufeinanderlegen. Die Stecknadelköpfe schauen wieder in Nährichtung, dabei auf die Nahtecken achten (vgl. Glossar Nahtecken S. 133). Bei der anderen Seite vom Saum her beginnen. Am Armloch entsteht wieder eine Nahtecke. Die Stecknadelköpfe zeigen immer in Nährichtung.
Die Wiener Nähte wie beim Rückteil mit dem RV-Nähfuß auf der schon genähten Naht entlang zusammennähen.

Die Nahtzugaben gemeinsam zur VM bügeln. Die Naht über dem Armbügelbrett »auf zwei Etappen« bügeln: die Naht von unten bis zum Busen und dann vom Armloch bis zum Busen.

—

Die beiden Vorderteile an den Schultern an das Rückteil stecken. Den angeschnittenen Besatz wegklappen.

—

Die Schulternähte r-a-r und Schnittkante auf Schnittkante stecken und mit 1 cm NZ nähen. Schulternähte vorsichtig auseinanderbügeln.

—

Für die I. Anprobe nur einen der Krägen ins Halsloch stecken. Erst die HM von Oberteil und Kragen aufeinanderstecken, dann die Schulter, den Schulterzwick und die vorderen Kanten aufeinanderstecken. Dann erst die Nadeln dazwischenstecken. R-a-r und Schnittkante auf Schnittkante.

Den Kragen mit einem langen Stich und einer Nahtbreite von 1 cm ins Halsloch nähen. Da der Kragen zur I. Anprobe nur provisorisch eingenäht wird, die Stichlänge auf maximale Länge stellen. Auch die Seitennaht zur I. Anprobe provisorisch zusammennähen (3 cm Nahtzugabe beachten).

—

Die Seitennähte r-a-r und Schnittkante auf Schnittkante stecken und mit einer Nahtbreite von 3 cm zusammennähen. Die Nahtzugaben vorsichtig auseinanderbügeln.

Sollte die Stichplatte keine Markierung von 3 cm haben, die Nadel nach unten drehen, mit dem Handmaß nach rechts messen und einen Klebestreifen bei 3 cm auf die Stichplatte kleben.

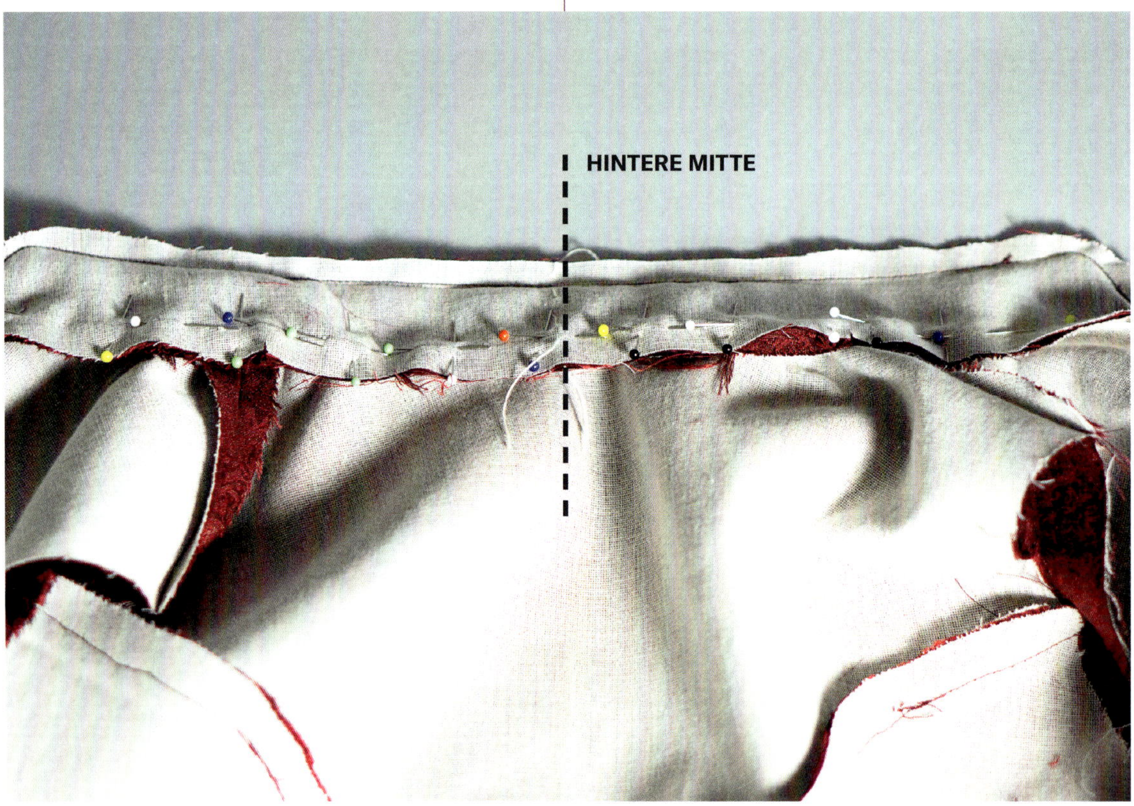

I. ANPROBE

Schultersitz

Armloch im hinteren Bereich der Schulterblätter

Armloch im Vorteil

Da beim Dirndl eine gute Passform das A und O ist, ist die I. Anprobe sehr wichtig.

Das Mieder so zusammenstecken, dass die durchgehefteten Linien der VM von Obertritt und Untertritt genau übereinanderliegen (siehe Balconette-Dirndl Anleitung, S. 54).

Die nachfolgenden Schritte sind optional und individuell an den eigenen Körper anzupassen.

Als erstes den Sitz der Schultern überprüfen. Eventuell nur an einer Seite stecken.

Wir sind alle nicht ganz gerade gewachsen, einseitige Änderungen sind bei einem so eng sitzenden Kleidungsstück wie einem Dirndl normal. Bei stark hervorstehenden Schlüsselbeinen, wie in diesem Fall, kann es sein, dass die Schulterpartie Falten wirft.

Sollte das hintere Armloch im Bereich der Schulterblätter abstehen, den oberen Bereich der Wiener Naht auftrennen und das seitliche Rückteil etwas weiter unter das mittlere Rückteil schieben und feststecken. Diese Änderung ist oftmals nur einseitig notwendig.

Sollte das Armloch im Vorderteil abstehen, die »Zuvielweite« knapp neben der Naht wegstecken. Möglicherweise den Busen an der vorderen Wiener Naht etwas stärker herausarbeiten. Dafür die Zuvielweite am Seitenteil wegstecken.

Mit quergesteckten Nadeln markieren, von wo bis wo Vorder- und/oder Rückenteil zu weit ist.

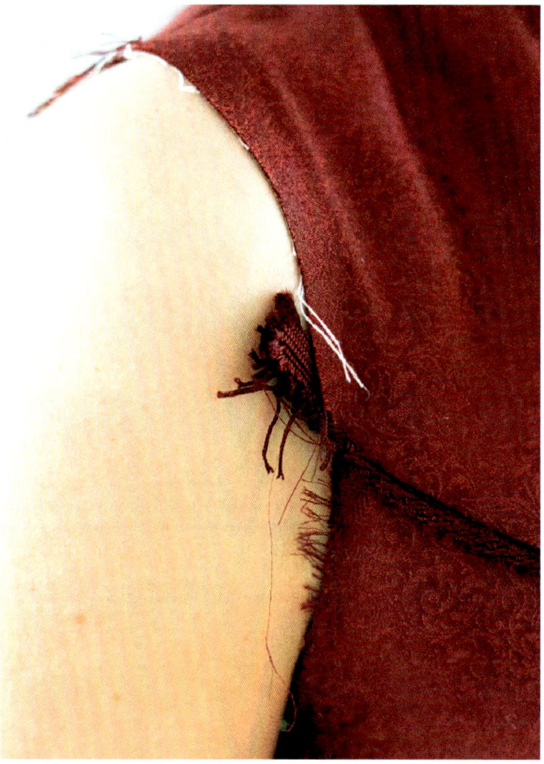

Form und Tiefe des Armlochs überprüfen. Wenn an der Schulternaht gehoben wurde, verläuft das Armloch möglicherweise zu weit nach oben und schneidet unter dem Arm ein. Beachten, dass noch 1 cm Nahtzugabe weggenäht wird. Die Änderung am Armlochverlauf gilt für beide Armlöcher.

Im hinteren Halsloch prüfen, ob der Kragen nicht zu nah am Hals anliegt. Sollte der Kragen zu nah am Hals sein, am Rückteil im Halsloch etwas wegstecken.

ÄNDERUNGEN AM MIEDER

Die Seitennähte wieder auftrennen und den Kragen aus dem Halsloch heraustrennen.

An der SN anfangen, wenn dort Änderungen zu machen sind.

ÄNDERUNGEN AN DER SCHULTER

Die Änderungen von innen mit Schneiderkreide, dort wo die Stecknadeln stecken, am Mieder anzeichnen. Änderungen nicht auf der Nahtzugabe anzeichnen.

Die Stecknadeln von der Anprobe wieder herausziehen. Die Löcher der Nadeln bleiben meist etwas sichtbar, was eine zusätzliche Orientierung für den Nahtverlauf der Änderungen ist.

An den Schulternähten eine neue 1 cm breite Nahtzugabe von der markierten Linie entfernt anzeichnen. Einseitigkeiten beachten.

An der neuen NZ-Linie abschneiden und den Schnipsel aufbewahren (siehe Balconette-Dirndl, S. 56). Die abgeschnittenen Schulter-Schnipsel vom Oberstoff r-a-r auf das Futter stecken. Bei Einseitigkeiten darauf achten, diese richtig herum zu arbeiten, dies bedeutet beim Futter spiegelverkehrt zum Oberstoff.

Das Futter an der Kante entlang abschneiden. Die neue Schulternaht im Oberstoff mit einer Nahtbreite von 1 cm nähen und auseinanderbügeln.

ÄNDERUNGEN AN DER WIENER NAHT IM RÜCKEN

Die überstehende NZ auf 1 cm zurückschneiden und den Schnipsel aufbewahren. Die äußeren Stecknadeln wieder herausziehen.

Von innen Stecknadeln auf die NZ stecken, darauf achten, in welche Richtung die Stecknadelköpfe schauen, da wegen des Paspols die Naht wieder mit dem RV-Nähfuß genäht wird. Das offene Stück der Naht mit dem RV-Nähfuß wieder schließen.

Bei einseitigen Änderungen darauf achten, diese beim Futter richtig herum zu arbeiten. Den abgeschnittenen Schnipsel von der Wiener Naht im seitlichen Rückteil r-a-r auf das Futter stecken. Das Futter an der Kante des Schnipsels entlang abschneiden.

ÄNDERUNGEN AN DER WIENER NAHT IM VORDERTEIL

Die Änderungen von innen mit Schneiderkreide anzeichnen. Die Stecknadeln herausziehen, überprüfen, ob die markierte Linie einen schönen Verlauf hat.

Ein Stück der Naht auftrennen, vom Kreidestrich eine neue 1 cm breite Nahtzugabe anzeichnen. An der neuen Nahtzugabenlinie abschneiden und den Schnipsel wieder aufbewahren.

Von innen Stecknadeln auf die Nahtzugabe stecken. Dabei wieder darauf achten, in welche Richtung die Stecknadelköpfe schauen, da wegen des Paspols die Naht mit dem RV-Nähfuß genäht wird. Das offene Stück Naht mit dem RV-Nähfuß schließen.

Bei einseitigen Änderungen darauf achten, die Änderungen beim Futter richtig herum zu arbeiten. Den abgeschnittenen Schnipsel r-a-r auf das Futterteil stecken. Das Futter an der Kante des Schnipsels entlang abschneiden.

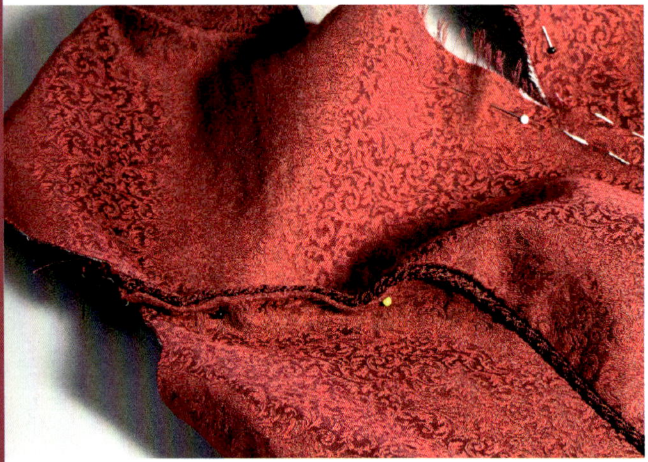

FUTTER NÄHEN I

Die vordere Wiener Naht im Futter r-a-r und Schnittkante auf Schnittkante zusammenstecken. Die Teile so aufeinanderstecken, dass das VT beim Nähen oben liegt. Darauf achten, dass das Seitenteil im oberen Bereich nicht ausgedehnt wird.

Die Wiener Naht so nähen, dass das Vorderteil oben liegt. Die Nahtzugaben gemeinsam zur VM bügeln. Die Naht wie beim Oberstoff am besten über dem Armbügelbrett auf zwei Etappen bügeln: die Naht von unten bis zum Busen und dann vom Armloch bis zum Busen.

Die Wiener Naht im Rückteil r-a-r und Schnittkante auf Schnittkante zusammenstecken. Die Wiener Nähte im RT mit 1 cm NZ nähen.

Wie beim Oberstoff beide Nähte zusammen zur HM bügeln. Das Oberstoff-Oberteil ordentlich bügeln, bevor der Kragen an die Reihe kommt.

ÄNDERUNGEN AM KRAGEN

Sollte bei der Anprobe etwas, eventuell einseitig, an der Schulter geändert worden sein, muss auch der Kragen entsprechend geändert werden.

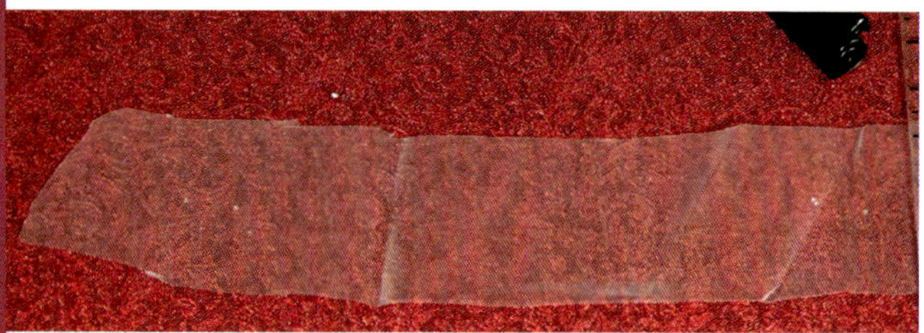

Am Papierschnitt in der HM das Maß, das weggenommen werden muss, anzeichnen. Die Kragenteile l-a-l aufeinanderlegen und mit einigen Nadeln fixieren. Den Papierschnitt mit der »neuen« HM auf die ursprüngliche HM stecken. 1 cm Nahtzugabe anzeichnen und zuschneiden.

KRAGEN NÄHEN

Die Kragenteile r-a-r und Schnittkante auf Schnittkante aufeinanderstecken. Die Kragenteile mit 1 cm Nahtzugabe an der Kante aufeinandernähen.

Die Nahtzugabe auf 3–4 mm zurückschneiden, damit es eine schöne Rundung gibt.

Den Kragen wenden und kantig bügeln. Jetzt den Kragen ins Oberstoff-Halsloch stecken. In der HM bei den Zwicken beginnen. Dann den Zwick für die Schultern auf die Schulternaht stecken. Vorn beim Ausschnitt auf beiden Seiten 1 cm Nahtzugabe freilassen. Sollte an der Schulter etwas geändert worden sein, passen die Schulterzwicke im Kragen nicht mehr auf die Schulter.

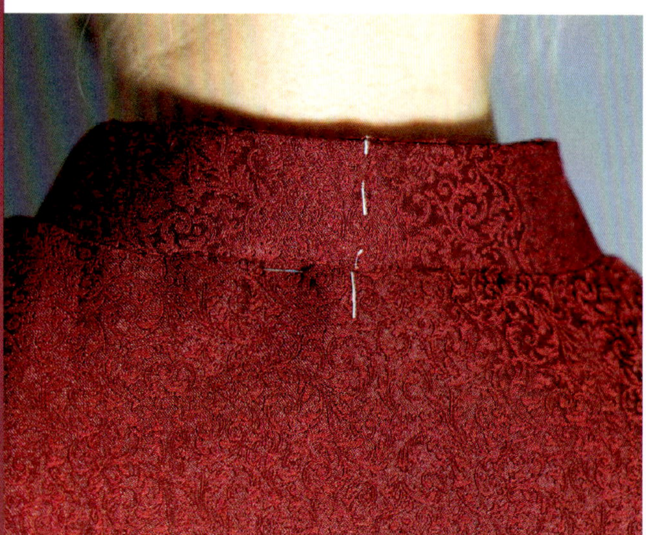

Den Kragen mit 1 cm Nahtbreite ins Halsloch nähen. Den angeschnittenen Beleg einstweilen noch ignorieren.

FUTTER NÄHEN II

Das Futtervorderteil r-a-r und Schnittkante auf Schnittkante an den angeschnittenen Beleg vom Oberstoff-Vorderteil stecken. Mit 1 cm Nahtbreite nähen. Die Nahtzugabe gemeinsam ins Futter bügeln.

Die Futter- und Belegschulter vom Vorderteil auf die Rückenteilschulter vom Futter stecken. Am Halsloch ergibt sich eine kleine Nahtecke.

Die Schulternaht r-a-r und Schnittkante auf Schnittkante stecken und mit 1 cm NZ nähen. Die Futter-Schulternähte auseinanderbügeln.

So gehört das Futter-Vorderteil an den angeschnittenen Beleg vom Oberstoff.

ÄNDERUNGEN AM ARMLOCH

Sollte am Armlochverlauf etwas zu ändern sein, folgendermaßen vorgehen:

Die Armlöcher vom Oberstoff l-a-l aufeinanderstecken. Sollten die Schulternähte einseitig geändert worden sein, passen nun die Schulternähte aufgrund der Änderungen nicht mehr aufeinander. Mit Schneiderkreide den neuen Verlauf des Armlochs anzeichnen. An der Kreidelinie entlang schneiden. Den Schnipsel wieder aufbewahren. Den Schnipsel vom Oberstoff auf das zusammengesteckte Futter-Armloch stecken. An der Kante entlang schneiden.

ARMLÖCHER PASPOLIEREN

Zum Aufnähen vom Paspol in die Armlöcher den RV-Nähfuß verwenden. An den Armlöchern den Paspol aufstecken: Rechts auf rechts, Schnittkante vom Paspol auf Schnittkante vom Armloch.

Die Stecknadeln so stecken, dass die Köpfe in Nährichtung zeigen und sich beim Nähen mit dem RV-Fuß leicht herausziehen lassen. Die Paspole mit dem RV-Fuß ganz nah an der Paspolschnur auf der Nahtlinie vom Paspol aufsteppen.

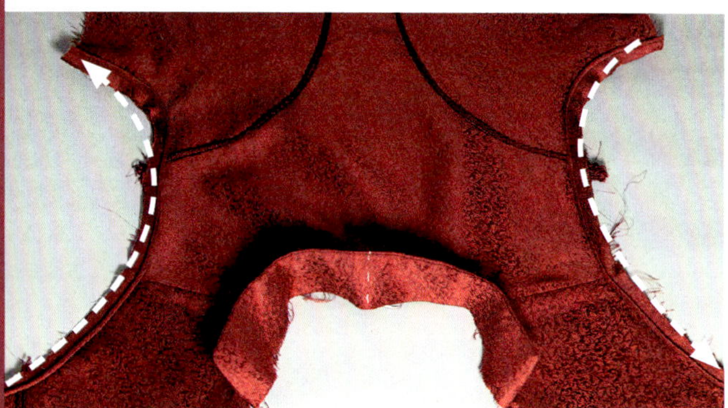

FUTTER UND OBERSTOFF ZUSAMMENNÄHEN

An den Armlöchern das Futter r-a-r und Schnittkante auf Schnittkante auf das paspolierte Armloch stecken. Die Stecknadelköpfe schauen wieder in Nährichtung. Mit dem RV-Nähfuß verstürzen und dabei auf der schon einmal genähten Naht (vom Festnähen des Paspols auf den Oberstoff) steppen.

Die Nahtzugabe beider Armlöcher bis kurz vor die Naht einschneiden.

Den Ausschnitt und das Halsloch r-a-r und Schnittkante auf Schnittkante aufeinanderstecken. Der Kragen liegt nach unten geklappt zwischen den beiden Stofflagen. Die Nähte von Futter und Oberstoff sollten aufeinandertreffen. Damit die Ecke am Ausschnitt schön wird, die Ecke vor dem Nähen mit einem Kreidestift anzeichnen.

Wieder auf den normalen Nähfuß wechseln. Den Ausschnitt mit 1 cm Nahtbreite nähen. Darauf achten, den Ausschnitt beim Nähen nicht auszudehnen. Im Halsloch- und Kragenbereich am besten auf der schon genähten Naht nähen.

Bevor die Nahtzugabe von Ausschnitt und Halsloch eingezwickt und zurückgeschnitten werden kann, das Mieder auf rechts wenden, um zu prüfen, ob der Übergang von Ausschnitt und Kragen gerade abschließt.

An der oberen Ecke, dort wo der Ausschnitt in den Kragen übergeht, die Ecke der NZ wegzwicken. Die Ecke am Ausschnitt (unten) mit einer spitzen Schere genau bis zur Naht einzwicken. Ebenso am Halsloch in den Rundungen die Nahtzugabe bis kurz vor die Naht einzwicken.

Das Mieder wenden: dazu die Vorderteile etwas »einrollen« und durch die Schulter nach hinten durchziehen. Die Ecken am Ausschnitt beim Wenden nach außen drücken.

Die Armlöcher von der rechten Seite kantig bügeln und dabei den Paspol »herausdrehen«. Den Ausschnitt von der rechten Seite kantig bügeln. Die noch überstehenden Paspolenden wegschneiden.

Am Rückteil und an den beiden Vorderteilen die Kanten von Futter und Oberstoff l-a-l zusammenstecken, sodass es bei Futter und Oberstoff keine Züge oder Falten gibt. Sollte das Futter zu weit sein und überstehen, wegschneiden. Oberstoff und Futter füßchenbreit zusammensteppen.

Die Seitennähte bei 3 cm (oder wie bei der I. Anprobe festgelegt) zusammenstecken. Dabei vom Armloch beginnen und darauf achten, dass die Armausschnittkanten bei der Naht (also 3 cm innerhalb) aufeinanderpassen. Für die II. Anprobe mit einer langen Stichlänge nähen. Die Nahtzugaben vorsichtig auseinanderbügeln.

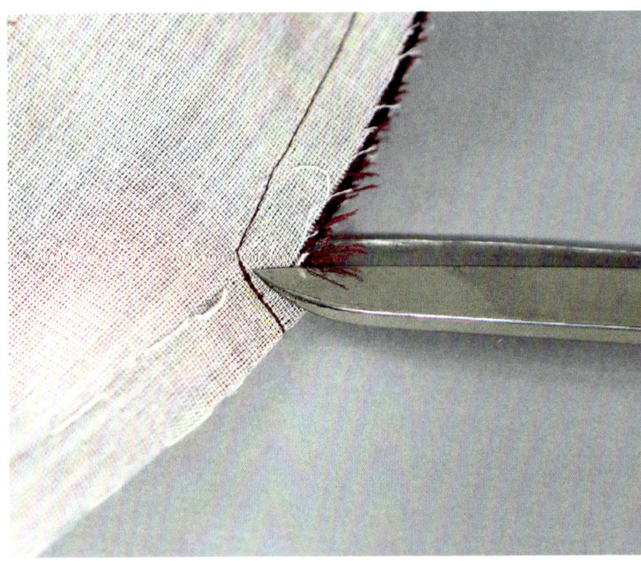

II. ANPROBE

Diese Anprobe dient dazu, die Passform zu überprüfen und den Taillenring festzulegen.

Für die II. Anprobe wieder die durchgehefteten Linien der vorderen Mitten übereinanderstecken. Die Passform überprüfen.

Bitte beachten: Auf dem rechten Bild liegen die Linien der vorderen Mitten nicht sauber übereinander.

An der Brustlinie eine Nadel quer stecken. Dort sitzt später ein Knopf auf der Brustlinie, damit das Oberteil über dem Busen nicht aufklafft.

Ein Taillenmaßband um die »echte« Taille legen und am unteren Rand mit Stecknadeln entlang stecken. Der Taillenring sollte gerade verlaufen.

OBERTEIL FERTIGSTELLEN

Die provisorische Seitennaht wieder auftrennen. Die Taillenlinie mit kontrastfarbigem Garn von Hand durchheften. Auch einen Querstich an der Brustlinie machen.

Von der gehefteten Taillenlinie messen, wo die schmalste Nahtzugabenbreite ist und überall diese Breite abmessen und anzeichnen. Die Nahtzugabe auf diese schmale Breite zurückschneiden.

Seitennähte und Saumlinie vom Oberteil mit der Overlock oder dem Zickzack-Stich der normalen Nähmaschine versäubern. Die Seitennähte endgültig mit der normalen Stichlänge und einer Nahtbreite von 3 cm (oder wie bei der Anprobe festgelegt) nähen. Die Naht nur bis 0,5 cm unterhalb der gehefteten Taillenlinie nähen. Zum Schluss die Seitennaht auseinanderbügeln.

Nun ist der schwierigste Teil geschafft. Knopflöcher und Knöpfe werden erst ins Dirndl eingenäht, wenn der Rock angenäht ist. Auf Seite 82 mit der Anleitung zum Rocknähen fortsetzen.

ANLEITUNG

*

DIRNDLROCK

DIRNDLROCK NÄHEN

Diese Anleitung für einen Dirndlrock ist universell und kann zu jedem Dirndlmieder kombiniert werden. Sie können den Dirndlrock entweder in Falten legen oder »stifteln«.

NAHTZUGABEN FÜR DEN ROCK

Längsnähte (HM und VM)	2 cm
Saum	8 cm
alle anderen Kanten	1 cm

Zwei Rockbahnen über die gesamte Stoffbreite (etwa 1,40 cm) in der gewünschten Rocklänge plus 9 cm (1 cm NZ oben + 8 cm Saum unten) zuschneiden. Seitlich die Webkanten vom Stoff wegschneiden.

Rocklänge

Wunschrocklänge + 1 cm Nahtzugabe + 8 cm Saum = Rocklänge, die zugeschnitten werden muss.

Beispiel:
70 cm + 1 cm Nahtzugabe + 8 cm Saum = 79 cm

Das Dirndl endet normalerweise unterhalb des Knies. Die empfohlene Dirndlrocklänge beträgt 70 cm oder länger.

Beide Rockbahnen rundum mit der Overlock versäubern oder mit einem Zickzackstich einfassen. Die zwei Rockbahnen r-a-r und Schnittkante auf Schnittkante aufeinanderstecken. Falls vorhanden, auf das Kopfmuster des Stoffes achten. An einer Naht oben einen Schlitz von circa 25 cm offenlassen.
Mit einer Nahtbreite von 2 cm zusammennähen. Die NZ auseinanderbügeln, beim Schlitz die NZ von 2 cm einbügeln. Der Schlitz bleibt auch am fertigen Dirndl offen, damit man das Dirndl leichter anziehen kann. Er ist unter der Schürze immer verdeckt. Wer mag, kann am Schluss 1–2 Druckknöpfe mit der Hand annähen, um den Schlitz zu schließen.

Für das Stifteln des Dirndlrocks gemäß der Anleitung »Dirndlschürze stifteln« (S. 101) vorgehen.

FALTENBERECHNUNG DES DIRNDLROCKS

FALTENAUFSICHT NACH GRÖSSE

	Vorn glatt	Allgemeine Faltenaufsicht
Größe 34–36	7 cm	3,5 cm
Größe 38–42	8 cm	4 cm
Größe 44–48	8,5 cm	4,5 cm
Größe 50	9 cm	5 cm

FALTENBERECHNUNG

1/2 Oberteil Taille - vorn glatt (siehe Tabelle) = Faltenumfang : Allgemeine Faltenaufsicht (siehe Tabelle) = Anzahl Falten (ungerade Zahl runden)

Gerundete Anzahl Falten + 1 = Falteninhalte

1/2 Rockbreite - 1/2 Oberteil Taille = Ergebnis : Falteninhalte = Falteninhalt in cm

Faltenumfang : gerundete Anzahl Falten = Individuelle Faltenaufsicht in cm

RECHENBEISPIEL

41 cm - 8 = 33 : 4 = 8,25 Falten (8 gerundet)

8 Falten + 1 = 9 Falteninhalte

146 cm - 41 cm = 105 cm : 9 = 11,6 cm Falteninhalte

33 cm : 8 Falten = 4,12 cm individuelle Faltenaufsicht

Mithilfe der allgemeinen Faltenaufsicht berechnen Sie Ihre individuelle Faltenaufsicht. Für das Legen der Falten nutzen Sie die individuelle Faltenaufsicht.

Die Falten gemäß der oben stehenden Faltenanleitung zur HM legen und längs feststecken. Die Strecke von der VM bis zur HM nachmessen und prüfen.

Die Falten füßchenbreit von der Schnittkante entfernt einmal durchsteppen, um sie zu fixieren, bevor der Rock ans Mieder genäht wird. Darauf achten, dass beim Nähen die Falten auf der Rückseite nicht »umkippen«.

ROCK ANS OBERTEIL NÄHEN

Den Rock so an das Oberteil stecken, dass die Taillenlinie dort verläuft, wo der Rock mit 1 cm angenäht wird. Die vordere Kante vom Oberteil an den Bügelbruch vom Rockschlitz stecken und die HM vom Oberteil und vom Rock genau aufeinanderstecken. Den Rock ans Oberteil nähen.

Die am Rock eingebügelte Nahtzugabe für den Schlitz r-a-r über das Oberteil schlagen und festnähen. Heftfaden in der Taille wieder entfernen.

Beim Annähen des handgestiftelten Rocks ans Oberteil: In etwa auf der obersten gestiftelten Naht nähen. Beim Annähen die Stehfalten immer wieder zurechtschieben.

KNOPFLÖCHER UND KNÖPFE

Für die Knopfaufteilung zuerst die Position des obersten und des untersten Knopfes festlegen. Die anderen Knöpfe dazwischen aufteilen und den genauen Abstand zwischen den Knöpfen wie folgt berechnen. Beim hochgeschlossenen Mieder wurde an der Brustlinie eine Nadel quer gesteckt. Hier sollte ein Knopf angebracht werden. Dies beim Knopfabstand berücksichtigen.

BEISPIEL:
Abstand zwischen erstem und letztem Knopf = 20 cm, es sind 9 Knöpfe.
20 cm : 8 (Anzahl der Abstände zwischen den Knöpfen) = 2,5 cm

Es empfiehlt sich grundsätzlich ein Knopfabstand von 2,5–3 cm.

Bevor man Knopflöcher in das Kleidungsstück näht, sollte man unbedingt ein Probeknopfloch nähen!

Der Abstand der Knopflöcher zur vorderen Kante sollte etwas weniger als der Durchmesser des Knopfes betragen. Die Position der Knopflöcher am Obertritt anzeichnen. Je nach Nähmaschine nur den Anfang des Knopfes oder die ganze Knopflochlänge anzeichnen.

Die Wäscheknopflöcher in den Obertritt einnähen. Die Knopflöcher vorsichtig mit Hilfe eines Nahttrenners aufschneiden. Dabei am Anfang und am Ende des Knopflochs eine Stecknadel quer stecken, um nicht zu viel zu öffnen.

Um die Knopfposition zu ermitteln, die durchgeheftete VM übereinanderlegen und am vorderen Ende des Knopflochs durchstechen, die Stecknadeln aus den Knopflöchern »ausknöpfen« und an der Nadelposition mit einem Kreidestift markieren.

Heftfäden vorsichtig herausziehen und Knöpfe mit farbig passendem Garn annähen. Mit der Handnähnadel auch die Nahtzugaben der Seitennähte mit einigen Stichen am Futter fixieren. Darauf achten, nicht auf die rechte Stoffseite durchzustechen.

III. ANPROBE

Bei der III. Anprobe die Länge des Rockes nach Wunsch festlegen. Den Saum zunächst 2 cm umbügeln, anschließend weitere 8 cm umbügeln. Entsprechend dem Stoff von Hand oder mit der Maschine säumen. Ein Blindstich ist besonders elegant.

Das Dirndl ist nun schon fast fertig. Im letzten Schritt wird die passende Schürze zum Dirndl genäht, siehe Kapitel »Dirndlschürze« (S. 92).

ANLEITUNG

*

DIRNDLSCHÜRZE

DIRNDL-SCHÜRZE NÄHEN

»Eine neue Schürze kann ein Dirndl komplett verändern.«

Dieser beliebte Satz bei Dirndlträgerinnen zeigt, welche Gestaltungsvielfalt sich durch eine Dirndlschürze ergibt. Neben Stoff, Farbe und Muster gibt es viele weitere Möglichkeiten, die Schürze individuell zu gestalten.

Wir erklären die beliebtesten Näharten einer Schürze.

Gekräuselt, gestiftelt oder in Falten gelegt
Das Einkräuseln der Dirndlschürze ist die einfachste und schnellste Methode, eine Dirndlschürze zu nähen. Sie eignet sich besonders für Nähanfängerinnen.

Das Stifteln, auch »Hanseln« genannt, ist eine traditionelle Handarbeitstechnik der Tracht. Sie ist jedoch zeitaufwendig. Man kann nicht nur die Schürze stifteln, sondern auch den kompletten Dirndlrock.

Beliebt ist auch die in Falten gelegte Dirndlschürze. Meist hat sie zwischen 12 und 16 Falten. Bei Trachtenstoffen mit Längsmuster sieht diese Technik sehr elegant aus.

Schleife oder Schließe zur Schürze
Die Schleife gehört für viele zum Dirndl dazu. Sie gibt den Beziehungsstatus der Trägerin an. Früher trug man vielfach statt einer Dirndlschleife eine Schließe vorn oder hinten an der Dirndlschürze. Die Dirndlschließe hat in den letzten Jahren eine Renaissance gefeiert. Traditionelle Schnitte sind heute sehr beliebt und damit kehrte auch die Dirndlschließe in die Trachtenmode zurück.

ZUSCHNITT DER DIRNDL-SCHÜRZE

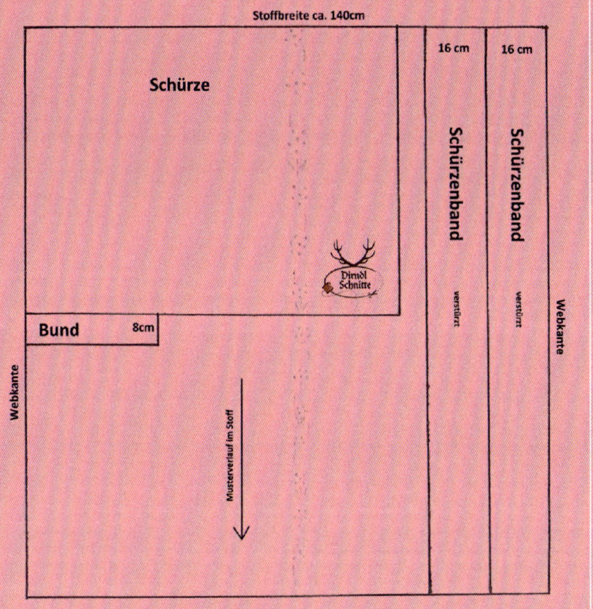

Zuschneideplan für längsgestreifte Stoffe

Nahtzugaben: seitliche Kanten 3 cm, Saum 9 cm, alle anderen 1 cm

Schürzenbreite

Normalerweise 90 cm–1,00 m breit, für eine in Falten gelegte oder gestiftelte Schürze siehe Details in der Materialübersicht, S. 44.

Schürzenlänge

Dirndlrocklänge plus 10 cm für den Saum. Die Dirndlschürze ist 2–3 cm kürzer als der Dirndlrock.

Schürzenbänder

Längsstreifen schneiden, den Stoff so zuschneiden, dass beide Schürzenbänder im gleichen Streifenmuster verlaufen. Soll die Schürze mit einer Schließe statt einer Schleife geschlossen werden, sind die Schürzenbänder kürzer (vgl. S. 103).

Das Schürzenteil wird laut Materialübersicht auf S. 44 zugeschnitten, die Längen von Bund und Schürzenbändern entnehmen Sie folgender Tabelle:

ZUSCHNITT DER DIRNDLSCHÜRZE

Größe	Bund	Schürzenbänder
Gr. 34	28 cm	125 cm 2 ×
Gr. 36	30 cm	125 cm 2 ×
Gr. 38	32 cm	135 cm 2 ×
Gr. 40	34 cm	135 cm 2 ×
Gr. 42	36 cm	140 cm 2 ×
Gr. 44	38 cm	140 cm 2 ×
Gr. 46	40 cm	145 cm 2 ×
Gr. 48	43 cm	145 cm 2 ×
Gr. 50	46 cm	145 cm 2 ×

Die fertige Schürze ist immer 2–3 cm kürzer als der Rock. Alle Maße sind inklusive Nahtzugabe.

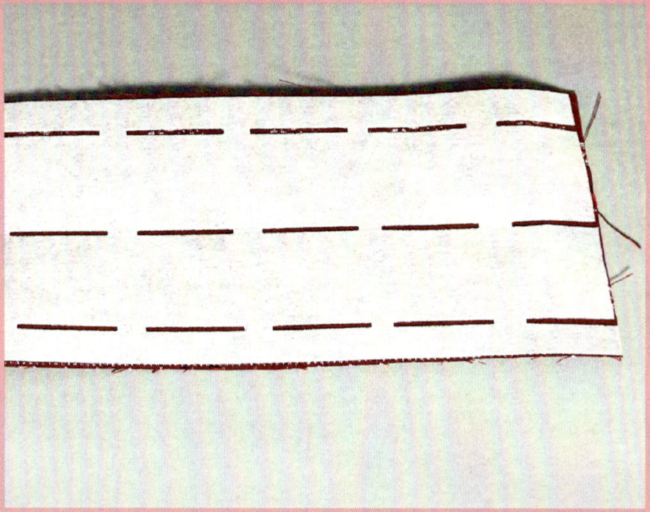

Länge der Schürzenbänder

2 x Länge der Schürzenbänder (vgl. Tabelle). Die Bänderbreite variiert normalerweise von 11 bis 16 cm. Bei einer zugeschnittenen Bänderbreite von 11 cm ist das fertige Band am Ende circa 4,5 cm breit.

Schürzenbund

Die Bundlänge steht in Abhängigkeit zur Größe (vgl. hierzu Tabelle). Bei Schürzen mit Schließe für die Bundbreite an der Dirndlschließe orientieren.

· Ausmessen der Dirndlschürze: Die Schürze ist zunächst ein rechteckig zugeschnittenes Stück Stoff. Die Schürzenbreite (siehe Materialübersicht) auf die Bundbreite einkräuseln oder in Falten legen. Beim Stifteln der Schürze kann die komplette Stoffbreite genommen werden, dafür entsprechend mehr Hanselband berücksichtigen.
Sollte sich der Stoff beim Waschen verzogen haben, mit Lineal, Metermaß und Schneiderkreide den Stoff begradigen und ein rechteckiges Stück erarbeiten.

· Zuschneiden der Schürzenteile: Den begradigten Stoff sowie Schürzenbänder zuschneiden. Den Bund gemäß der Tabelle zuschneiden und mit dem Bundfix bekleben.

· Säumen der Schürze: Die zugeschnittene Schürze rechts und links mit einer schmalen Naht säumen. Gesteppt wird auf der rechten Seite. Auch hier auf das Muster achten. Das Muster soll vom Rand jeweils gleich weit entfernt sein und exakt gleich an der rechten und linken Kante verlaufen.

EINKRÄUSELN

DIE SCHÜRZE MIT DER NÄHMASCHINE EINKRÄUSELN

Soll die Schürze in Falten gelegt oder gestiftelt werden, siehe Anleitung »in Falten gelegte Schürze« oder »gestiftelte Schürze«.

Zum Einkräuseln werden an der oberen Kante (evtl. auf Kopfmuster achten) mit langem Stich zwei Nähte genäht. Die erste Naht füßchenbreit neben der Schnittkante nähen, die zweite Naht füßchenbreit von der ersten Naht daneben.

Durch die große Stichlänge beginnt sich der Stoff von selbst einzukräuseln. Die Nähfäden nicht abschneiden, da sie zum Kräuseln benötigt werden. Am Anfang und am Ende der Naht wird nicht vernäht.

Auf einer Seite (bei Rechtshändern die linke) die Oberfäden mit einer Nähnadel nach hinten durchziehen und miteinander verknoten. Nun von der anderen Seite an den beiden Unterfäden ziehen und den Stoff über die ganze Breite gleichmäßig kräuseln.

Den gekräuselten Schürzenstoff auf die Bundweite minus 2 cm zusammenziehen. Kontrollieren, indem noch einmal nachgemessen wird. Die Fadenenden miteinander verknoten und die Weite gleichmäßig verteilen.

IN FALTEN GELEGTE SCHÜRZE

Schon vor dem Zuschnitt der Schürze die Falten legen und ausprobieren, wie das Muster und die Faltentiefe am besten gefallen. Die einzelnen Falten mit je 3 Nadeln über eine Länge von circa 8 cm feststecken. Die Nadeln quer zur Naht stecken.

Auf der Seite, an der mit dem Faltenlegen begonnen wird, die Kante zweimal 1,5 cm nach innen umbügeln und kantig steppen (»Säumen der Schürze«, S. 98)

Nachmessen, wie viele Falten benötigt werden, um in etwa auf die Bundweite der Tabelle von S. 97 zu kommen. Nach der letzten Faltenaufsicht kommen noch 3 cm Nahtzugabe dazu. Nun die Breite der Schürze von außen am Muster entlang zuschneiden (einschl. Nahtzugabe). Nun diese Kante zweimal 1,5 cm nach innen umbügeln und kantig steppen.

Die Länge der Falten (ca. 8 cm) mit Schneiderkreide von rechts anzeichnen. Die Falten von der rechten Seite 8 cm lang knappkantig absteppen.

Nun mit den Schritten ab »Bänder, Bund und Fertigstellung« fortsetzen.

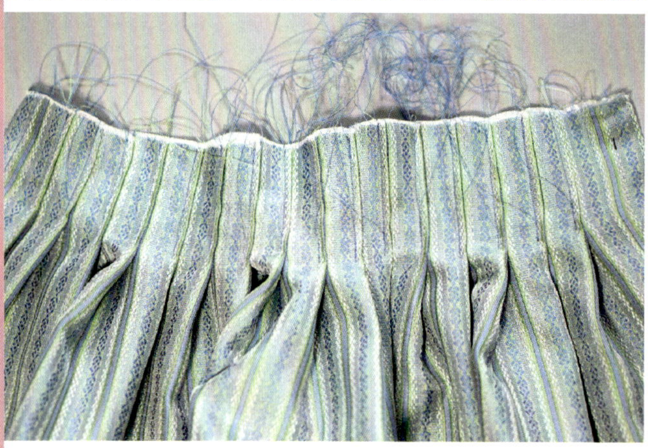

GESTIFTELTE SCHÜRZE

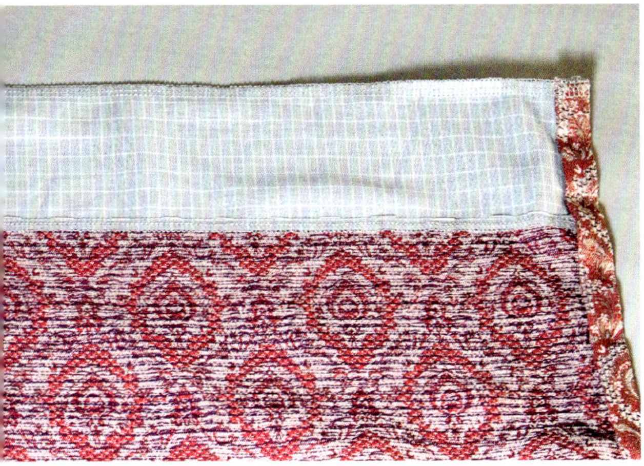

Das Stiftelband, auch Hanselband genannt, auf die Breite der Schürze zuschneiden. Es werden 7–8 Reihen gestiftelt. Am Stiftelband sollte nach unten hin noch eine Reihe mehr vorhanden sein, als gestiftelt wird.

Das Stiftelband an der unteren Kante mit der Overlock oder dem Zickzackstich der Nähmaschine versäubern.

Das Stiftelband oben auf die linke Stoffseite der Schürze stecken.

Das Stiftelband mit der Overlockmaschine auf die Schürze nähen, an der unteren Kante von Hand festheften. Alternativ das Stiftelband mit der Nähmaschine mit einem geraden Stich festnähen und die Naht mit einem Zickzackstich versäubern.

Dann die beiden Seiten der Schürze 2 x 1,5 cm nach innen umbügeln und kantig steppen.

Gestiftelt wird mit einem Knopflochgarn (Nr. 30). Das Garn sollte aus Polyester oder reiner Seide sein, jedoch nicht aus Baumwolle, da dies nicht reißfest genug ist. Die Arbeitsrichtung beim Stifteln geht von rechts nach links (Linkshänder nähen von links nach rechts). Den Faden nicht abschneiden, sondern mit der Garnrolle hängen lassen.

Man nimmt immer ein Kästchen auf die Nadel auf, sticht aus und überspringt ein Kästchen. Dann wieder ein Kästchen auf die Nadel usw. Mit einer langen, etwas dickeren Nadel nähen.

So werden 7–8 Reihen genau wie die erste Naht genäht. Den Heftfaden herausziehen.

Wer kein Stiftelband findet, kann auch einen klein karierten Stoff nehmen.

Auf der linken Seite (bei Linkshändern die rechte Seite) die untersten drei und dann immer zwei Fäden miteinander verknoten. Nun von der noch offenen Seite alle Fäden gleichzeitig und gleichmäßig ziehen und so den Stoff über die ganze Breite gleichmäßig reihen.

Auf die Bundlänge laut Tabelle minus 2 cm zusammenziehen und die Fadenenden wieder miteinander verknoten. Die Fadenenden auf ca. 15 cm kürzen. In einer Nadel mit großem Öhr die Fadenenden einfädeln und in die seitlichen Säume einziehen.

Nun wie ab »Bänder, Bund und Fertigstellung« vorgehen.

SCHÜRZEN-SCHLIESSE ANNÄHEN

Für das Anbringen einer Schürzenschließe die Länge der Schürzenbänder berücksichtigen, damit die Schließe eng sitzt.

BERECHNUNG DER BÄNDERLÄNGE MIT SCHLIESSE HINTEN

Taillenweite gesamt minus Schürzenbundlänge (Beispiel: 80 cm – 34 cm = 46 cm)

Dividiert durch 2 plus jeweils 1 cm Nahtzugabe, um das Band an den Bund zu nähen, und 10–12 cm Nahtzugabe an der Seite, an der die Schließe eingehängt wird

(Beispiel pro Band: 46 cm : 2 = 23 cm + 1 cm + 10–12 cm = max. 36 cm)

BERECHNUNG DER BÄNDERLÄNGE MIT SCHLIESSE VORN

Taillenweite minus Schürzenbundlänge
Beispiel: 80 cm – 34 cm = 46 cm

Addiert um die Taillenweite
Beispiel: 46 cm + 80 cm = 126 cm

Dividiert durch 2 plus jeweils 1 cm Nahtzugabe, um das Band an den Bund zu nähen, und 10–12 cm Nahtzugabe an der Seite, an der die Schließe eingehängt wird

Beispiel pro Band: 126 cm : 2 = 63 cm + 1 cm + 10–12 cm = max. 76 cm

Trotz Berechnung ist eine Anprobe unerlässlich, da Schließen unterschiedlich breit sind.

Die meisten Dirndlschließen haben einen Steg auf der Rückseite. Hierum wird die Schließe an den Dirndlschürzenbändern befestigt. Ausgewählte Modelle haben kleine Löcher. Diese wie einen Knopf annähen.

Das äußere Ende gut 1 cm nach innen einschlagen und mit der Nähmaschine absteppen. Das doppelt gelegte Schürzenband von Hand unsichtbar mit sehr kleinen, feinen Handstichen zusammennähen.

Je nach Breite der Schließe an der Schließe ebenfalls eine Falte legen.

Anprobe der Schürze mit Schließe: Eine Schlaufe legen, in diese die Schließe hängen, um die Länge der Bänder zu überprüfen. Bei der Anprobe beachten, dass die Bänder sauber übereinanderliegen. Die Schließe so verschieben, bis die Dirndlschürze eng sitzt.

Jetzt die endgültige Länge bestimmen. Überflüssige Zentimeter wegschneiden, dabei 1 cm Nahtzugabe berücksichtigen.

Schließenbänder fertigstellen: Die Schlaufe von Hand auf der Rückseite zusammennähen, allerdings so, dass sie auf der Vorderseite nicht sichtbar ist. Ggf. diese Naht doppelt nähen, da ein gewisser Zug auf der Dirndlschließe liegt.

ALTERNATIVE FÜR DIE SCHÜRZEN-BÄNDER: SATINBÄNDER

Satinbänder sind eine elegante Alternative zu Schürzenbändern aus dem gleichen Stoff. Die Satinbänder werden identisch wie Schürzenbänder aus Schürzenstoff in den Bund gearbeitet (vgl. S. 107).

Für den äußeren Abschluss der Bänder gibt es verschiedene Möglichkeiten. Die Bänder sind hier zu einem Dreieck gelegt. Alternativ kann auch eine Rosette gelegt werden.

Das Satinband Kante auf Kante legen und nähen. Die rechte Seite des Bands liegt dabei außen.

Die Nahtzugabe nach innen umschlagen und zu einem Dreieck klappen.

Das Dreieck mit kleinen Stichen per Hand festnähen.

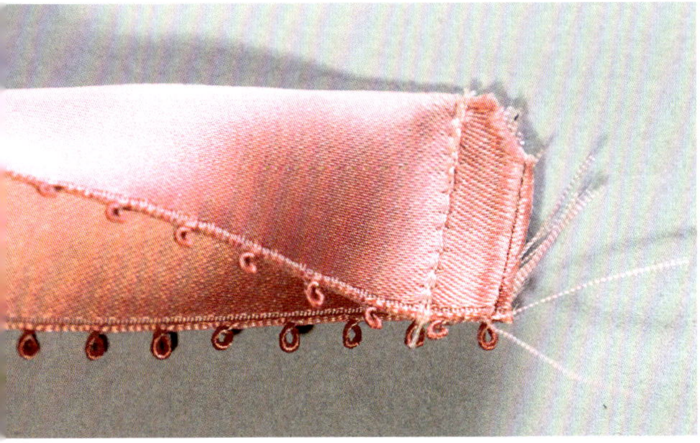

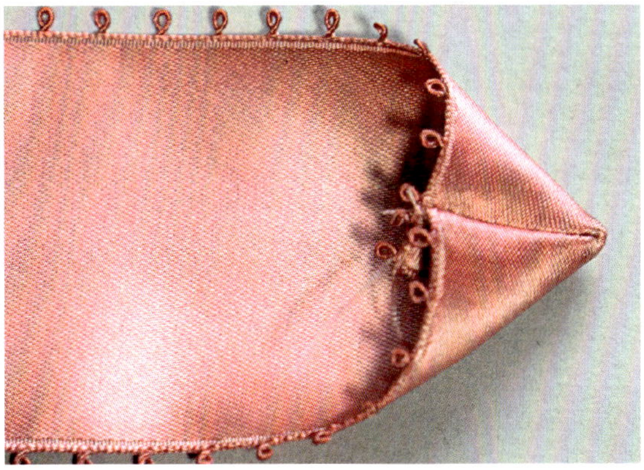

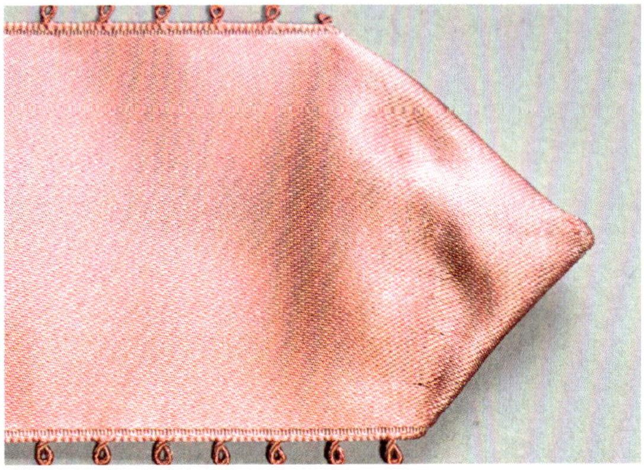

DIRNDLSCHÜRZE

BÄNDER, BUND UND FERTIG-STELLUNG

NÄHEN DER SCHÜRZENBÄNDER

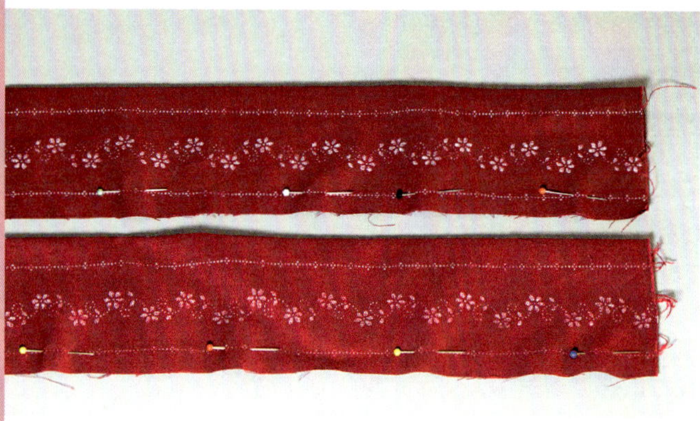

Die gestecken Schürzenbänder.

Unten das Schürzenband vor dem Nähen, oben nach dem Wenden mit den abgeschnittenen Spitzen.

Zum Verstürzen der Schürzenbänder die langen Seiten r-a-r und Schnittkante auf Schnittkante aufeinanderlegen und stecken.

An jeweils einem Ende (spiegelverkehrt/paarig) eine Ecke zur Spitze abschneiden.

Die Schürzenbänder mit einer Nahtbreite von 1 cm nähen. An der Ecke der Spitze etwas von der Nahtzugabe rauszwicken.

Die Schürzenbänder mithilfe eines Essstäbchens oder Kochlöffels wenden. Die Schürzenbänder kantig bügeln.

NÄHEN DES SCHÜRZENBUNDS

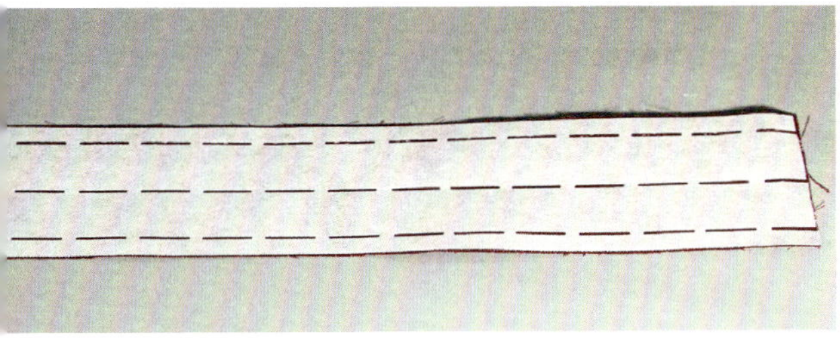

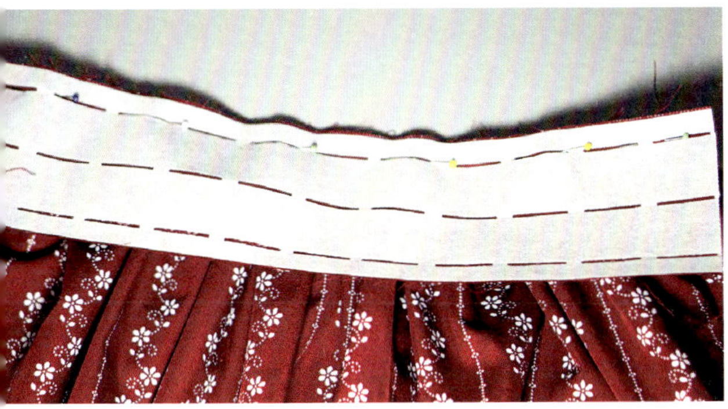

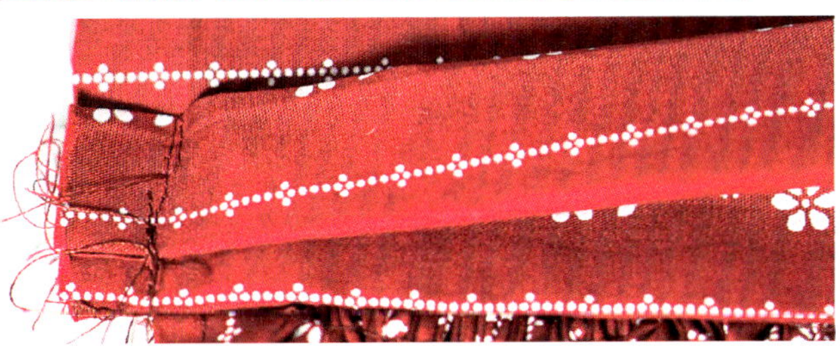

Nähen Sie langsam und korrigieren Sie, wenn nötig, die Ihnen vorliegende Näharbeit durch das Anheben des Nähfußes. Die Nähmaschinennadel verbleibt dabei im Stoff.

Die Stanzeinlage Bundfix für den Bund auf die linke Stoffseite bügeln und abkühlen lassen. Den mit dem Bundfix beklebten Bund r-a-r und Schnittkante auf Schnittkante auf die vorbereitete Schürze stecken.

Den Bund in der Stanzrille an die Schürze nähen. Der Bund steht dabei links und rechts je 1 cm über die Schürze hinaus.

Die Schürzenbänder r-a-r und Schnittkante auf Schnittkante auf die vordere Hälfte (bis zur mittleren Rille des Bundfix) des Schürzenbundes stecken.
Mit der Mehrweite eine Falte legen.
Das Schürzenband auf den Bund nähen.

Nun die hintere Seite des Bundes r-a-r auf die vordere Bundseite (mit dem angenähten Schürzenband) des Bundes stecken und mit 1 cm NZ nähen.

Am Schürzenband ziehen und somit den Bund wenden.

An der Bundrückseite den unteren Zentimeter bis zur Stanzrille nach innen klappen. Möglichst so feststecken, dass die erste Naht, an der der Bund an die Schürze genäht wurde, ein wenig verdeckt ist. Zum Stecken, wenn möglich, lange Stecknadeln verwenden. Alle 2–3 cm eine Stecknadel quer zum Bund stecken, damit die Schürze beim Nähen nicht aus dem Bund rutscht. Darauf achten, die Stecknadel so zu stecken, dass beim Nähen der Nähmaschinenfuß nicht am Stecknadelkopf hängen bleibt.

Genäht wird der Bund auf der Vorderseite im Schatten der Naht, das bedeutet ganz knapp unter dem Bund (siehe Bild S. 109).

SAUM NÄHEN

Unbedingt vor dem Nähen des Schürzensaums Schürze und Dirndlrock messen, idealerweise anprobieren.

Den Schürzensaum erst 1 cm, anschließend um weitere 8 cm umbügeln. Den Schürzensaum von Hand oder mit dem Nähmaschinenblindstich nähen.
Fertig ist die Dirndlschürze.

DIRNDL ÄNDERN – WEITEN, ENGER NÄHEN, KÜRZEN

Das Dirndl ist ein Kleidungsstück, das eine Frau oftmals über Jahre, sogar Jahrzehnte begleitet. Nicht selten gibt eine Generation es an die nächste weiter. Damit das Dirndl auch über lange Zeit passt, sind viele Dirndl änderungsfreundlich gestaltet. In den Seitennähten ist meist eine großzügige Nahtzugabe von circa 2–3 cm pro Seite enthalten.

Auf diese Weise lässt sich ein Dirndl, das nicht mehr passt, um bis zu zwei Kleidergrößen weiten. Gleiches gilt natürlich auch andersherum. So können Sie ein zu großes Dirndl problemlos enger nähen.

Auch die Vorlieben für die Rocklängen sind unterschiedlich. Wir zeigen Ihnen, wie Sie Ihr Dirndl kürzen. Wenn der Rock aber einmal abgeschnitten ist, lässt er sich schwer wieder verlängern.

DIRNDL WEITEN

Benötigt werden: Schneiderschere, Nahttrenner, Stecknadeln, Maßband, Schneiderkreide, Handmaß, Nähmaschine, farblich passendes Nähgarn in Fadenstärke 100–120

Ein Dirndl lässt sich weiten, wenn in den Seitennähten des Dirndls genügend Nahtzugabe vorhanden ist, idealerweise 2–3 cm pro Seite.

Vorab die Nahtzugabe des Dirndls kontrollieren, um festzustellen, ob genügend Spielraum zum Weiten vorhanden ist.

Meist ist das Dirndloberteil verstürzt, dann sind im Dirndl keine offenen Nahtzugaben zu sehen. Egal ob Nahtzugaben sichtbar sind oder das Oberteil verstürzt ist, Oberstoff und Futter können in beiden Fällen in einem Arbeitsschritt geändert werden.

Die Seitennähte des Mieders auftrennen, ggf. auch die festgenähten Nahtzugaben im Armbogen auftrennen. Nur dort öffnen, wo nötig. Passt das Mieder beispielsweise direkt unter dem Arm noch, ist aber Richtung Taille zu eng, nur an der Taille die Seitennaht öffnen. Hier wurden beide Seitennähte komplett aufgetrennt.

Beim Weiten des Dirndlmieders muss auch der Dirndlrock geweitet werden. Die Rocknähte circa 10–15 cm öffnen. Ebenso die Verbindungsnaht von Mieder und Rock 10–12 cm an den Seitennähten auftrennen. In dem vorliegenden Dirndl war eine Nahttasche in das Dirndl eingearbeitet, sichtbar an dem hellblauen Taftstoff.

Die geöffneten Nähte sorgfältig bügeln, um alte Kanten herauszubügeln. Wenn das Dirndl schon älter ist, sind möglicherweise Farbunterschiede im Stoff leicht sichtbar. Meist fällt das aber kaum auf.

Die neue Weite stecken. 0,5 cm Nahtzugabe ist das empfohlene Minimum, knapper sollte die Nahtzugabe nicht sein. In diesem Fall wurde jede Seitennaht um 1 cm geweitet, insgesamt wird dadurch das Mieder um 4 cm weiter.

Die beiden geänderten Seitennähte des Mieders nähen.

Seitennähte doppelt nähen. Das Mieder sitzt beim Dirndl eng und auf der Naht liegt Spannung.

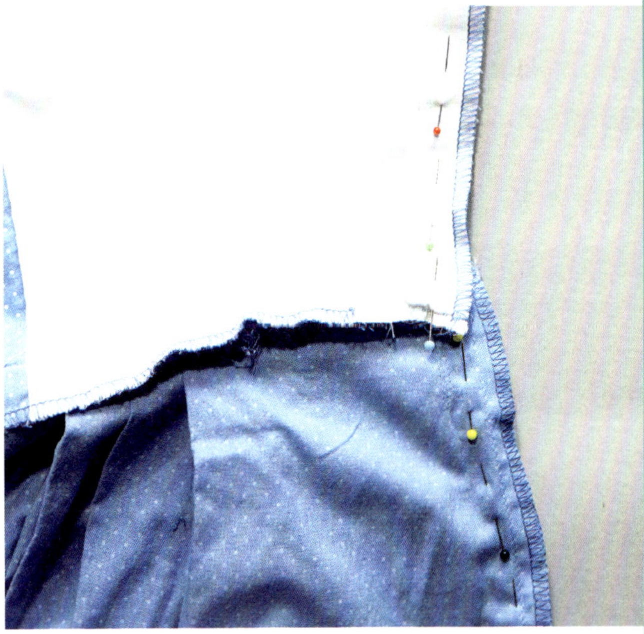

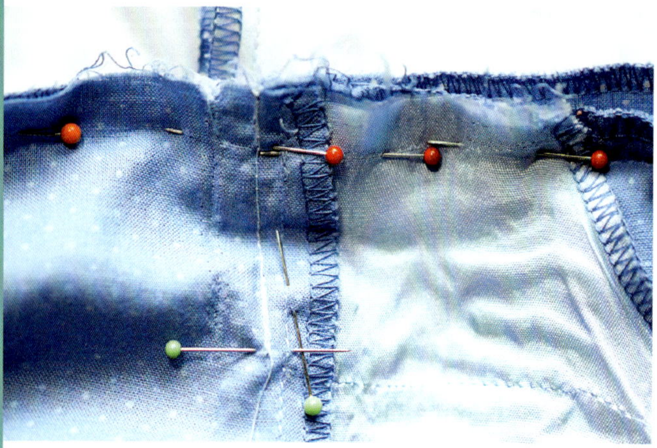

Beginn des Taschenbeutels

Rock ans Mieder gesteckt

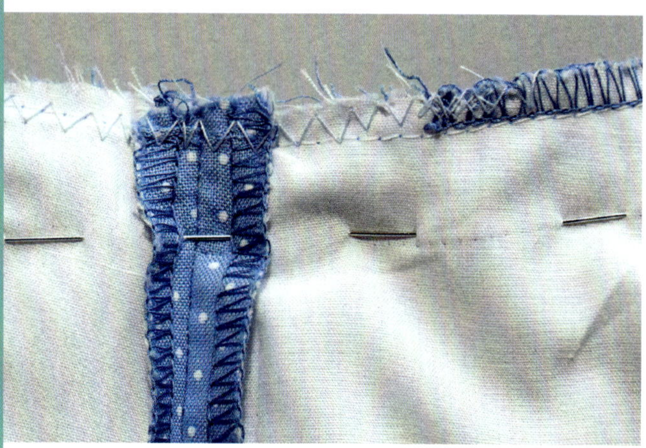

Mieder mit der ursprünglichen Nahtzugabe an Rock gesteckt.

Die Seitennähte des Rocks weiten: Oben beim Rock mit der gleichen Weite wie beim Mieder beginnen, dann die geweitete Breite in die bestehende Rocknaht »hineinlaufen« lassen. Bei der untersten Stecknadel läuft die neue Rocknaht in die bestehende. Die vorbereiteten Seitennähte mit farblich passendem Nähgarn nähen, siehe quer und längs gesteckte Stecknadeln mit grünem Kopf. Bei einem Dirndl mit Nahttaschen kann man die neue Seitennaht nicht in die bestehende Seitennaht auslaufen lassen, man würde die Nahttasche zunähen. Daher näht man die neue Seitennaht am Rock gerade senkrecht und endet an dem Punkt, an dem die Nahttasche beginnt.

Die neu genähten Seitennähte von Oberteil und Rock bügeln. Dirndlmieder an Rock stecken.

Beim Dirndloberteil beträgt die Nahtzugabe meist 2–3 cm, an der Oberkante nur circa 1 cm. Wenn alle Teile gleich viel geweitet wurden, passt das Oberteil problemlos an den Rock. Beim Stecken kontrollieren, ob beim Oberteil als auch beim Rockteil die Stecknadeln in der »alten« Naht stecken.

Die offene Naht zwischen Mieder und Dirndlrock schließen und dabei auf dem alten Nahtverlauf nähen.
Die Nahtzugaben mit der Handnadel wieder festnähen, damit sie beim Tragen schön anliegen.

Gut bügeln, damit die ursprüngliche Naht bzw. Nahtzugabe nicht zu sehen ist.

Bereits genäht, die »alten« Nähte sind gut sichtbar

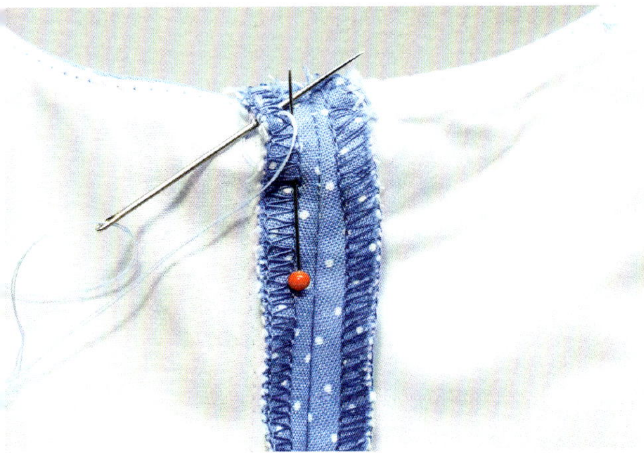

Nahtzugaben von Hand festgenäht.

DIRNDL ENGER NÄHEN

Benötigt werden: Schneiderschere, Nahttrenner, Stecknadeln, Maßband, Schneiderkreide, Handmaß, Nähmaschine, farblich passendes Nähgarn in Fadenstärke 100–120

Folgende Änderungen sind beim Engernähen möglich:

- Mieder an den Seiten enger nähen
- Schulternähte anheben
- Mieder in der Taille rundherum kürzen

Welche Schritte bei Ihrem Dirndl zu machen sind, ist individuell zu bestimmen.

Dirndl anprobieren und überprüfen, wo das Dirndl zu weit ist. Zuerst mit den Seitennähten beginnen. Nach und nach weitere Änderungen umsetzen.

SEITENNÄHTE ÄNDERN

Mieder vom Rock trennen und beide Seiten des Mieders auftrennen. Die neue Weite stecken und überprüfen, ob das Mieder damit schon richtig sitzt. Dafür die Abnäher oder Wiener Nähte, je nach Dirndl, überprüfen, ob diese richtig am Busen sitzen sowie den Rücken überprüfen, ob dieser glatt anliegt.

SCHULTERNÄHTE ÄNDERN

Wenn dies nicht der Fall ist, die Schulternähte anheben. Die Weite mit Stecknadeln an den Schulternähten wegstecken und anpassen. Möglicherweise muss das Mieder durch die Schulternaht gewendet werden, um die Änderungen vornehmen zu können. Für detaillierte Schritte zum Anpassen der Schulternaht vergleiche »Hochgeschlossenes Mieder, S. 71«.

TAILLE ÄNDERN

Nach dem Ändern des Mieders muss der Dirndlrock ebenfalls angepasst werden. Für das Markieren der Taille sowie das neue In-Falten-Legen des Rocks, die Anleitungen im Kapitel »Dirndlrock nähen« vergleichen.

DIRNDL KÜRZEN

Benötigt werden: Schneiderschere, Nahttrenner, Nähnadeln, Stecknadeln, Maßband, Schneiderkreide, Nähmaschine, farblich passendes Nähgarn in Fadenstärke 100–120

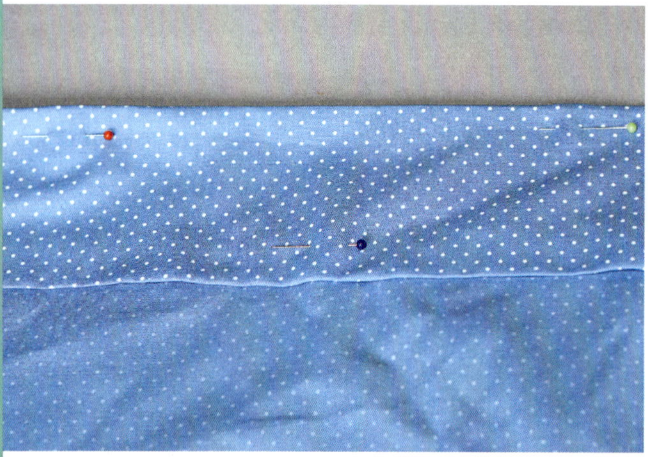

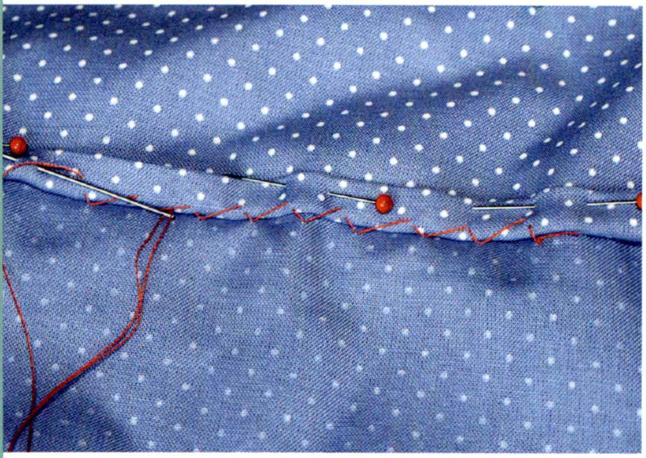

Vor dem Kürzen des Dirndlrocks entscheiden, wie viel kürzer der Rock werden soll. Lieber zu wenig als zu viel abschneiden.

Berechnung: Länge, um die das Dirndl gekürzt werden soll minus 8 cm Saumlänge = abzuschneidende Länge

Beispiel: 14 cm - 8 cm = 6 cm

Die abzuschneidende Linie mit Schneiderkreide durchgängig am ganzen Rock markieren. Sauber an der markierten Linie abschneiden.

Die Seitennähte als erstes mit der Nähmaschine wieder fixieren, damit die Nähte nicht weiter aufgehen. Je nach Dirndl kann die Anzahl der Teilungsnähte unterschiedlich sein.

Von den 8 cm Rocksaum die ersten 2 cm mit dem Bügeleisen umbügeln. Nun weitere 6 cm umbügeln. Die zuerst umgebügelten 2 cm verschwinden im Rocksaum.

Die umgebügelten 6 cm mit Stecknadeln fixieren. Die Stecknadeln 1 cm von der unteren Kante entfernt einstecken, um den Blindstich gut nähen zu können.

Den Rocksaum mit der Hand umnähen. Der Blindstich ist später auf der Vorderseite nicht zu sehen.

Von rechts nach links nähen (bei Rechtshänderinnen). Mit einer dünnen Nähnadel arbeiten, das Nähgarn farblich passend zum Stoff auswählen (Rot nur zu Demonstrationszwecken eingesetzt). Mit dem Daumen der linken Hand die umgebügelte Saumkante 1 cm nach oben legen. Damit auf der rechten Stoffseite keine Stiche zu sehen sind, auf der Rockseite immer nur 1–2 Gewebefäden erfassen. Auf der Nahtzugabe 3–4 Gewebefäden mit der Nadel erfassen. Den Faden nicht straff ziehen.

Damit auf der rechten Stoffseite das Saumende nicht sichtbar ist, den Saum zunächst auf der linken Stoffseite bügeln. Der Saum steht dabei 1 cm »hoch« und das Bügeleisen gleitet an den handgenähten Stichen vorbei.

Wer den Saum nicht von Hand nähen will, verwendet den Nähmaschinenblindstich.

Weitere Änderungsanleitungen für Ihr Dirndl finden Sie auf dirndlschleifchen.de/dirndl-naehen-anleitungen/

Faden nicht zu lang nehmen, da sich dieser leicht verheddert. Faustregel: Den Faden einmal in Armlänge nehmen.

AUSZIER – SCHMUCK DES DIRNDLS

Bänder, Borten, Stickereien – das Dirndlmieder ist oft mit viel Liebe geschmückt. Die Froschgoscherlborte zählt zu einer der beliebtesten Verzierungen um den Dirndlausschnitt herum. Sie ist in der Herstellung gar nicht so kompliziert wie sie aussieht.

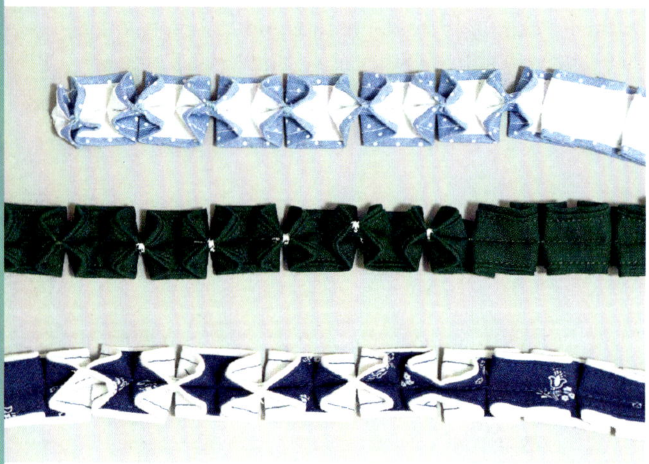

FROSCHGOSCHERL

Benötigt werden: 2 Stoffstreifen, gerade geschnitten (nicht schräg), Handmaß

Als Grundlage für Froschgoscherl werden zwei lange, gerade Stoffstreifen jeweils ca. 3,50 m lang benötigt. Meist muss man mehrere Streifen zusammennähen, um die Gesamtlänge zu erhalten. Die Bänder nicht im schrägen Fadenlauf zuschneiden.

Theoretisch lässt sich auch nur ein Stoffstreifen zur Froschmaulborte verarbeiten, meist sieht man diese Borte aber aus zwei verschiedenen Stoffstreifen genäht. Gerne greift man dabei Stoffe aus Dirndlmieder oder Rock wieder auf.

Beim Upcycling eines bereits vorhandenen Dirndls lassen sich Satin- oder Baumwollbänder passend zum Dirndl zu einer Froschgoscherlborte verarbeiten. Beim Kauf von Zutaten wie z. B. Borten und Bänder immer das Dirndl mitnehmen, um farbliche Fehlkäufe zu vermeiden.

Stoffstreifen in folgenden Breiten zuschneiden:
· unterer Streifen: 4,5 cm breit
· oberer Streifen: 3,5 cm breit

Genau messen und zuschneiden. Je kürzer die Quetschfalte, umso zierlicher das Froschgoscherl, umso mehr Band wird benötigt. Die Streifenbreite kann je nach persönlichem Geschmack variieren. In der vorliegenden Anleitung hat jedes Froschgoscherl eine Länge von 3 cm.

Die zu schneidende Linie mit einem dünnen Bleistift anzeichnen.

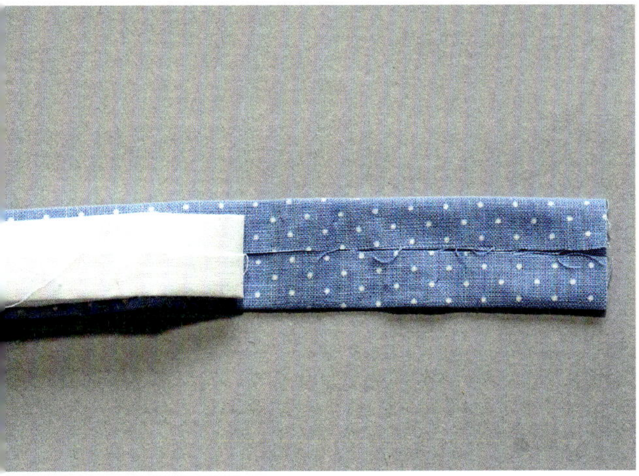

Beim breiteren Band die untere und obere Kante jeweils 1 cm zur Mitte hin umbügeln. Die beiden umgebügelten Kanten sollten aneinander treffen. Beim schmäleren Band genauso verfahren.

Beide Bänder aufeinanderlegen. Die vier offenen Kanten (I-a-I) treffen in der Mitte aufeinander und sind nicht mehr zu sehen. Der Abstand vom schmäleren Band zur Kante des breiteren Bandes sollte überall gleich sein, damit das Gesamtbild harmonisch ist.

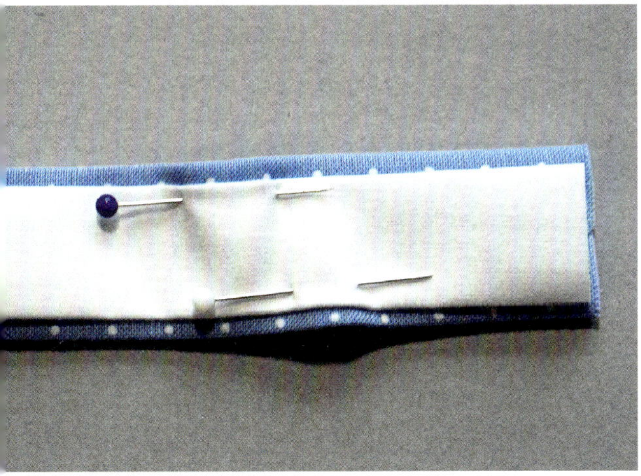

Das schmälere obere Band an jeder Kante längsseitig und knappkantig auf das breitere Band nähen. Passende Nähgarnfarbe beachten, diese Nähte bleiben sichtbar.

Die hergestellte 3,50 m lange Stoffschlange mit der Nähmaschine in Quetschfalten legen. Die Falten abwechselnd nach oben, diese sind an der Nähmaschine gut sichtbar, und nach unten legen, weniger gut sichtbar beim Nähen. Exaktes Messen mit dem Handmaß ist dabei wichtig für ein gleichmäßiges Ergebnis.

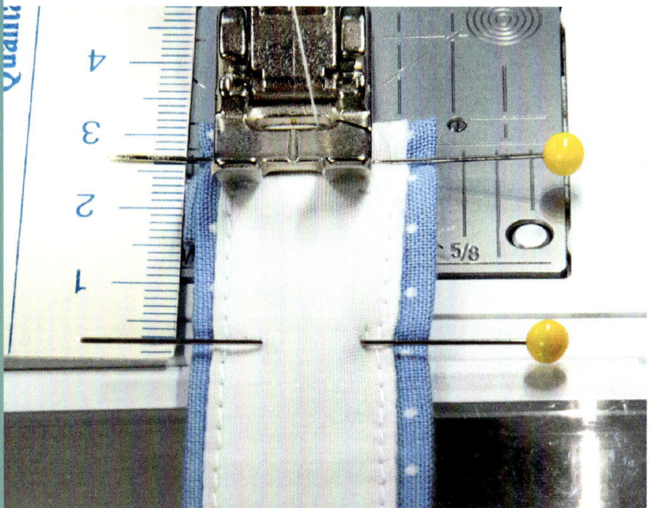

1. SCHRITT: FALTE UNTEN

Die kurze Seite des Stoffbandes versäubern. Für den Start zum Nähen der Quetschfalten die halbe Falte von 1,5 cm einmalig unter den Nähfuß legen.

Danach 3 cm mit dem Handmaß bis zur vorderen Stecknadel abmessen (mit dem Handmaß überprüfen). Stecknadel quer stecken. Nähfuß anheben und das Stoffband nach unten legen (unter den Nähfuß bis zu der Stelle an der Unterseite, wo bereits die halbe Falte unter dem Nähfuß liegt). Das sollte gemäß Handmaß bei 1,5 cm sein. Mit der Nähmaschine mittig darübernähen.

2. SCHRITT: FALTE OBEN

Wieder 3 cm abmessen. Das Handmaß wird an dem Punkt angelegt, an dem die vorherige Falte sich nachschiebt. Die 3 cm sind gut sichtbar zwischen den beiden Stecknadeln.

Das Band wird ab der vorderen Stecknadel zum Nähfuß bis zur oberen Kante der vorherigen Falte hingelegt. Mit der Nähmaschine mittig nähen.

Erneut beginnen mit Schritt, 2. Absatz ab »Falte unten: Danach 3 cm mit dem Handmaß bis zur vorderen Stecknadel abmessen«

Die beiden Schritte »Falte oben und Falte unten« wechseln sich ab, bis man das Stoffband komplett in Quetschfalten gelegt hat. Abwechselnd treffen die beiden »Stoffbögen« mit 1,5 cm pro Hälfte einmal unten und einmal oben gegeneinander. Die Quetschfaltenlänge muss dabei jeweils gleich sein, in diesem Beispiel sind es 3 cm.

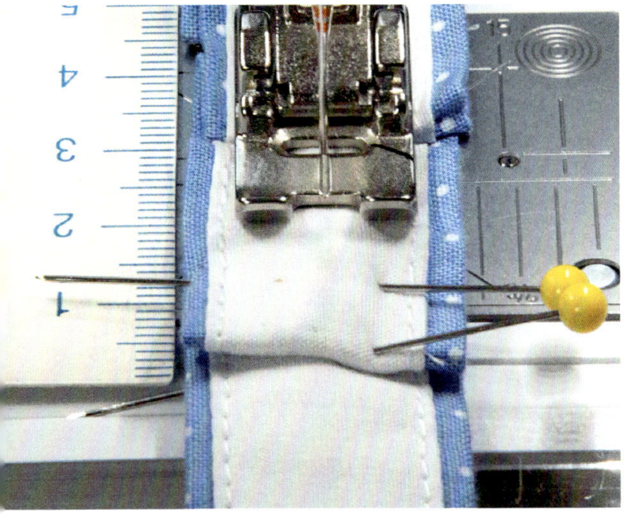

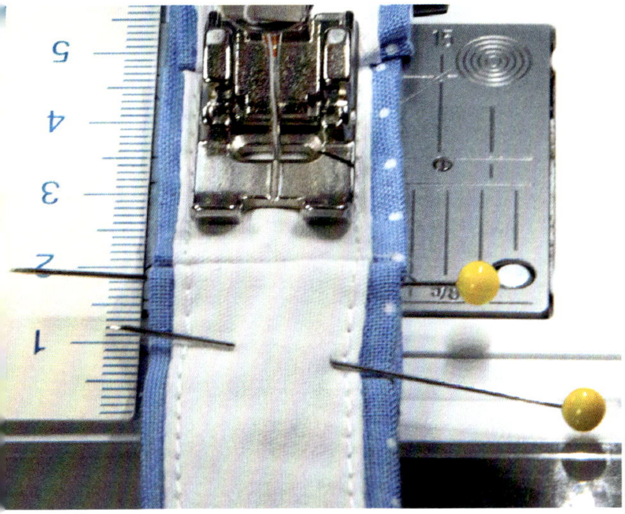

Sollten Sie die zuletzt genähten Falten auftrennen müssen, ist dies kein Problem. Die mittig genähte Naht ist später fast nicht mehr zu sehen.

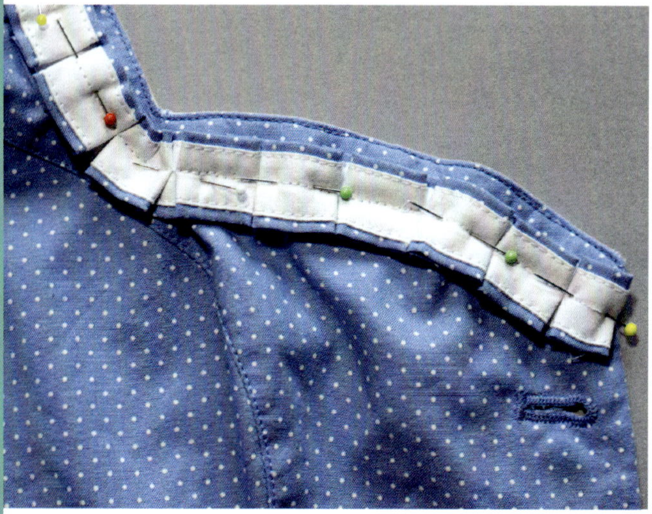

Beginnen und enden Sie am Ausschnitt, wo es für Sie stimmig ist. Es hilft, das Quetschfaltenband probeweise um den Ausschnitt zu legen. In diesem Beispiel wurde neben den Knopflöchern begonnen. Am Anfang und am Ende sollte entweder eine ganze oder halbe Quetschfalte sichtbar sein. Für ein stimmiges Gesamtbild auf beiden Seiten die gleiche Faltengröße verarbeiten. Der Abstand zur Ausschnittkante ist ebenfalls variabel, es empfiehlt sich ein Mindestabstand von 2 mm.

Das flache Quetschfaltenband mittig auf das Dirndlmieder aufnähen, über die bereits genähte Naht quasi noch einmal nähen.

Beim Festnähen das Quetschband zunächst in der vorbereiteten Gesamtlänge lassen, nicht abschneiden. Erst wenn man das Quetschband bis auf die letzten 3–4 Quetschfalten aufgenäht hat, die überflüssige Länge abschneiden und das Band versäubern.

In Handarbeit die Froschgoscherl fertigstellen: Von oben und unten eine Quetschfalte zwischen Daumen und Zeigefinger nehmen und die Mitte per Hand zusammennähen. Mit dem handgenähten Zusammenziehen lassen sich farbliche Akzente setzen. Bei dunklen Quetschfalten zum Beispiel mit einem kontrastfarbenen Nähgarn arbeiten. So wirken die Nähfäden wie kleine Perlen.

WEITERE ALTERNATIVEN FÜR DIE AUSZIER

Neben anderen handgemachten Rüschenvarianten wie Rosmarin- oder Herzrüsche sind auch fertige Bänder und Borten eine schöne Möglichkeit, das Dirndl zu verzieren. Samtbänder gibt es in den unterschiedlichsten Farben und Breiten. Damit kann der Miederausschnitt umrandet werden.

Zackenlitze ist eine weitere Alternative. Mit ihr lassen sich nicht nur das Mieder, sondern auch die Armlöcher verzieren.

Auch Stickereien in der Rückenpartie sehen sehr elegant aus.

Nutzen Sie Auszier einfach nach Belieben, um das Dirndl zu Ihrem ganz persönlichen Einzelstück zu machen.

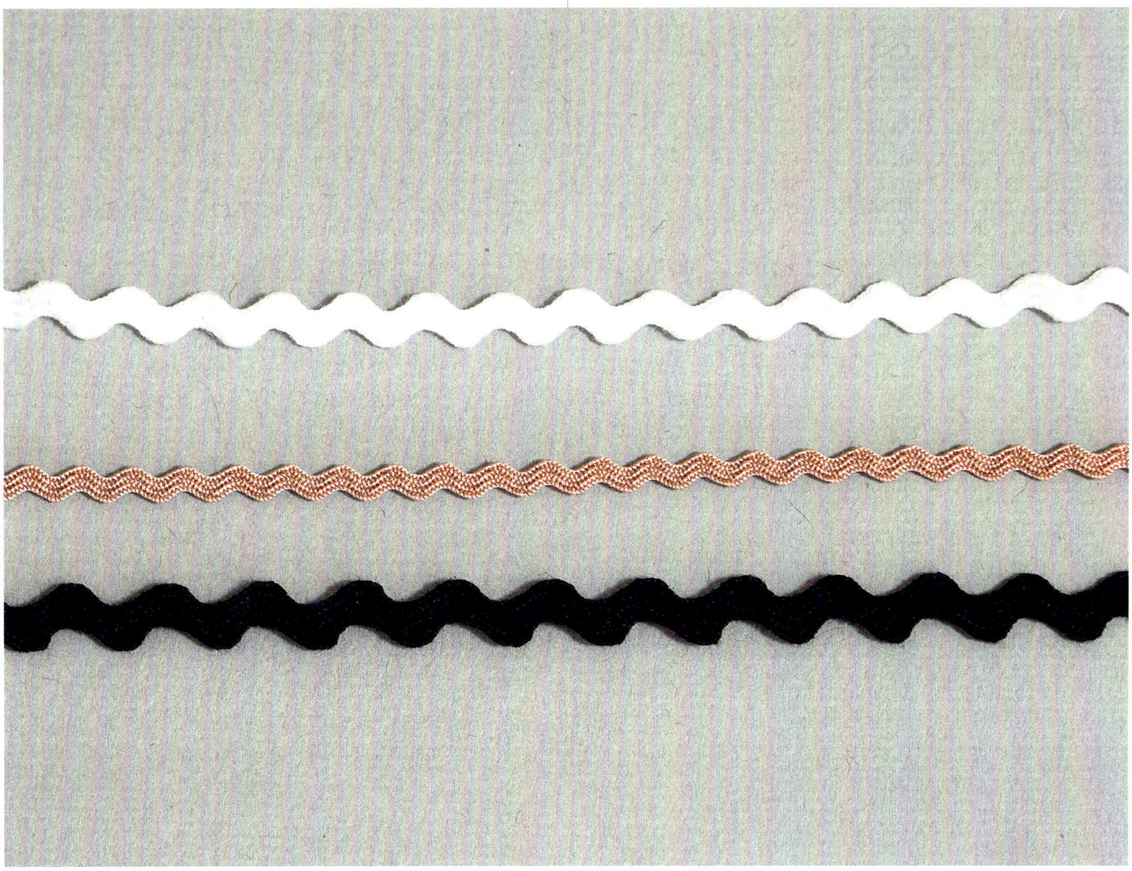

FESCH IM DIRNDL

Das Dirndl umschmeichelt die Figur und umhüllt Rundungen vorteilhaft. Im selbst genähten Dirndl sehen Sie umso fescher aus.

Frauen, die bisher wenige Berührungspunkte mit der Tracht hatten, stehen schnell vor der Frage, wie sie das Dirndl eigentlich richtig kombinieren. Das kleine 1×1 des Dirndls gibt Hilfestellung für passende Accessoires, die richtige Wäsche unterm Dirndl und erklärt, was die Schleife über den Beziehungsstatus der Trägerin verrät.

DAS KLEINE 1×1 DES DIRNDLS

DIRNDLBLUSE

Das Dirndl besteht neben Mieder und Rock aus Schürze und Bluse. Die Dirndlbluse ist traditionell weiß, vereinzelt trägt man auch eine schwarze Bluse. Die Bluse endet unter der Brust, was ihr den Namen »Bscheißerl« verliehen hat. Waren früher Carmenblusen oder gepuffte Ärmel modern, ist es heute die hochgeschlossene Bluse oder Spitzenbluse, die hoch im Kurs steht. Die Mode der Dirndlbluse wandelt sich ständig.

Zum Dirndl trägt man normalerweise immer eine Bluse. Ausnahme bilden die hochgeschlossenen Dirndl, die man im Sommer gerne ohne Bluse trägt, sowie Dirndlmieder mit kleinen Ärmelchen.

Ob Sie eine Bluse mit kurzem Arm, Dreiviertel- oder Langarm tragen, bleibt dabei ganz Ihnen überlassen.

Auf dirndlschleifchen.de finden Sie Anleitungen zum Nähen einer Dirndlbluse: dirndlschleifchen.de/dirndl-schnittmuster/

DIRNDL-BH

Unter der Dirndlbluse wird der Dirndl-BH getragen. Das ist ein Balconette-BH, der die Brust von unten stabilisiert und gleichzeitig unter der Dirndlbluse verborgen bleibt. Die Cups verlaufen nicht so hoch wie beim klassischen BH, zudem liegen die Träger weit außen.

Wer mag, kann einen Dirndl-BH mit Push-up-Effekt wählen, um das Dekolleté hervorzuheben. Tragen Sie idealerweise bereits einen Dirndl-BH, wenn Sie Ihre Maße nehmen und für die Anproben.

SCHUHE

Zum Dirndl sind Schuhe in gedeckten Farben wie schwarz, grau und braun beliebt. Schuhe mit hohem Absatz, wie Pumps, strecken das Bein optisch. Auch Stiefel sind in den kälteren Monaten gängig. Komplett flache Schuhe wie Turnschuhe passen nicht so gut zum Dirndl.

Bei allen Accessoires zum Dirndl gilt: Das Dirndl sollte der Blickfang sein. Am Ende muss es natürlich Ihnen gefallen!

TASCHE

Trachtengeschäfte führen oftmals Trachtentaschen, die meist aus Leder hergestellt werden und mit trachtigen Motiven wie Hirschen oder Herzen bestickt sind. Alternativ können Sie eine kleine schlichte Umhängetasche zum Dirndl kombinieren.

SCHMUCK

Traditioneller Halsschmuck für die Frau in Tracht ist die Kropfkette, eine mehrgliedrige Kette, die eng um den Hals getragen wird und ursprünglich den »Kropf« verbergen sollte. Grundsätzlich kann zum Dirndl aber jeder Schmuck kombiniert werden, der das Outfit abrundet, wie Ohrringe oder Armbänder.

HUT

In der traditionellen Tracht ist der Hut für die Damen fester Bestandteil. Das Dirndl wird heute meist ohne Hut getragen. Im Sommer sind Strohhüte zum Dirndl sehr schön.

JACKE

An kälteren Tagen trägt man zum Dirndl Strickjacke oder Janker. Besonders geschmackvoll ist es, wenn die Dirndljacke tailliert ist. Der Janker wird gerne zu festlichen Anlässen getragen. Er ist meist aus Wolle, modern sind aber auch Samt- oder Leinenjanker. Trachtenstrickjacke und Janker sind mit kleinen trachtigen Elementen wie Zopfmuster, Stickereien oder Trachtenknöpfen versehen.

DIRNDLSCHLEIFE BINDEN

Die Dirndlschleife drückt den Beziehungsstatus der Frau aus. Trägt die Dame ihre Schleife links, ist sie alleinstehend. Rechts gilt sie als vergeben.

Früher trug man die Schleife nur rechts, wenn man verheiratet war. Heute sehen das viele Frauen lockerer.

Die Schleife hinten gebunden, steht im Volksmund für eine verwitwete Frau. Alternativ handelt es sich um eine Kellnerin. Die Schleife vorn mittig zu binden, steht für die Jungfräulichkeit.

Es ist übrigens nicht überliefert, woher diese Tradition und die Bedeutung der Dirndlschleife stammen.

SERVICETEIL

BAYERN

STOFFE EGERT
www.stoffe-egert.de
Augsburger Str. 1B, 82256 Fürstenfeldbruck

HÖFER STOFFE
www.hoefer-stoffe.de
Goethestraße 15, 83209 Prien am Chiemsee

CHIEMGAUER HEIMATWERK
www.chiemgauer-heimatwerk.de
Mitterweg 6, 83233 Bernau am Chiemsee

STOFFHERZEN
www.stoffherzen-neubiberg.de
Hauptstraße 17, 85579 Neubiberg

ÖSTERREICH

OBERÖSTERREICHISCHES HEIMATWERK
www.ooe-heimatwerk.at
Landstraße 31, 4020 Linz, Österreich

SALZBURGER HEIMATWERK
www.salzburgerheimatwerk.at
Residenzpl. 9, 5010 Salzburg, Österreich

KOMOLKA
www.komolka.at
Mariahilfer Str. 58, 1070 Wien

STOFFCORNER
www.stoffcorner.com
Billrothstrasse 99, 4600 Wels

ONLINE

STOFFE HEMMERS
www.stoffe-hemmers.de/trachtenstoffe

BUTTINETTE
www.basteln-de.buttinette.com/shop

TRACHTLEREI
www.trachtlerei.de

LAURA UND BEN
www.lauraundben.de

LAVENDELS
www.lavendels.com

DIRNDL-SCHNITTE
www.dirndlschnitte.de

ETSY
www.etsy.de

DIE DIRNDLMACHEREI
www.diedirndlmacherei.at/shop

Eine ausführliche Übersicht mit Karte über alle Trachtenstoffgeschäfte in Deutschland und Österreich, Online-Shopping-Möglichkeiten und weitere Dirndlschnittmuster finden Sie auf dirndlschleifchen.de

GLOSSAR TRACHTEN- UND NÄH-BEGRIFFE

ABNÄHER

Eine Falte, die keilförmig abgenäht wird. Beim Dirndlmieder finden sich die Abnäher rechts und links an der Brust. Der Abnäher wird am spitz zulaufenden Ende nicht vernäht, sondern verknotet.

AUSZIER

Alles was die Tracht schmückt. Dazu gehören Bänder, Borten, Spitzen und Stickereien. Alle diese Verzierungen werden zum Schluss auf das Dirndl genäht - bis auf die Stickereien. Gestickt wird vor dem Nähen.

BIESEN

Abgesteppte Falten, die bis zu einem Zentimeter breit sind und nach außen flach umgebügelt werden. Biesen lassen sich auf der Dirndlschürze, dem Dirndlrock und der Dirndlbluse finden. Meist sind es mindestens drei oder mehr parallel laufende Biesen.

BSCHEISSERL

Sichtbarer Teil der Dirndlbluse. Da die Dirndlbluse unterhalb der Brust aufhört, also keine klassische Bluse ist und sozusagen »bescheißt«, wird sie auch Bscheißerl genannt.

CHARIVARI

Silberne Kette, an der sich Goldmünzen, kleine Jagdtrophäen, Edelsteine oder Edelkristalle befinden. Es wird traditionell verschenkt, nicht gekauft. Ursprünglich war das Charivari eine Schmuckform zur Lederhose. Inzwischen wird das Charivari auch als Dirndlaccessoire getragen, entweder an der Schürze oder am Ausschnitt des Mieders.

DIRNDL-BH

Balconette-BH, der unter der Dirndlbluse getragen wird. Er stützt und hebt die Brust, ist aber unter der Bluse verborgen und damit unsichtbar, da die Cups nicht so hochgeschlossen wie beim klassischen BH sind. Zudem liegen die Träger sehr weit außen, damit sie nicht im Ausschnitt zu sehen sind.

EINLAGE

Die Einlagestärke beim Dirndl richtet sich nach der Beschaffenheit und Schwere des Oberstoffes und danach, ob das Modell weich und schmiegsam oder eher steif sein soll. Beim Dirndl sollte es steif, aber nicht starr sein. Zu empfehlen ist die dünne Gewebeeinlage Vlieseline G710 oder H180.

FROSCHGOSCHERL (AUCH: FROSCHMÄULCHEN)

Handgefertigte Rüschen, die meist am Dirndlausschnitt, manchmal auch an aufwendigen Dirndlschürzen zu finden sind (vgl. Seite 118).

HAFTELVERSCHLUSS

Haken- und Ösenverschluss, Alternative zu Knopflöchern.

HANSELN

Siehe Stifteln

JACQUARD

Speziell gewebter Stoff mit aufwendigen Mustern, gibt es aus Baumwolle, Seide, Viskose und synthetischen Stoffen.

KASSETTL (AUCH: RÖCKLGWAND)

Festtagstracht, die ihren Namen vom eckigen, kassettenähnlichen Ausschnitt hat.

KELLERFALTE

Aus zwei Faltenbrüchen gebildete Falte, deren Ecken gegeneinander stoßen. Dirndlröcke haben hinten mittig die Kellerfalte.

KITTLBLENDE (AUCH: KITTLBESATZ)

Doppelter Rocksaum eines Dirndls. Je nach Dirndl besteht die Kittlblende aus Borten oder Stoffen. Die Breite variiert nach Tracht. Meistens ist sie zwischen 4–10 cm breit.

KITTLSACK

Nach innen gelegte Rocktasche.

KOPFMUSTER

Viele Trachtenstoffe haben ein Muster, oftmals ein Blumenmuster, das nur in eine Richtung getragen wird und daher beim Nähen nicht auf dem Kopf stehen sollte. Beim Blumenmuster schauen die Blumenköpfe immer nach oben.

MIEDER (AUCH: LEIB)

Oberteil des Dirndls, an das der Rock genäht wird.

NAHTECKE/NAHTABSTICH

Als Nahtecke bezeichnet man den Kreuzungspunkt der beiden Stofflagen am Anfang oder Ende der Naht. Da nicht an der Schnittkante vom Stoff, sondern an der Nahtzugabe genäht wird, müssen die Stofflagen auf der Nahtlinie, nicht auf der Außenkante, aufeinanderpassen.

PASPOL (AUCH: PASPEL)

Schmaler Nahtbesatz an Kleidungsstücken. Der Paspol besteht aus einem schräg gefalteten Stoffstreifen, dazwischen liegt eine Schnur. Es gibt spezielle Paspolschnur, gerne wird auch eine dünne Kordel dafür verwendet. Der Paspol findet an Ausschnittkanten des Dirndls oder bei Teilungsnähten Anwendung.

SCHLIESSE

Zum Schließen der Schürzenbänder anstelle der Dirndlschleife. Die Schließe kann vorn oder hinten getragen werden.

SCHÖSSCHEN

Eine in Falten gelegte Verlängerung des Mieders am Rücken.

SCHÜRZE

Teil des Dirndls, meist in anderer Farbe als das Dirndl. Schürzen werden üblicherweise aus Baumwolle, Seide, Halbseide oder Polyester genäht. Viele Dirndlträgerinnen verleihen ihrem Dirndl mit einer neuen Schürze einen neuen Look.

SMOKEN

Ergänzung des Stiftelns bzw. Hanselns. Die gestiftelten Reihen werden mit einem weiteren Faden zu einem Muster zusammengezogen. Beliebt ist das Wabenmuster.

STEHFÄLTCHEN

Gleichmäßig handgezogene Falten am Bund des Rockes.

STIFTELN

Reihfäden an Rock oder Schürzenkante, die mit der Hand eingezogen und dann auf die gewünschte Breite zusammengezogen werden. Diese Methode ist sehr zeitaufwendig.

WIENER NAHT

Teilungsnaht beim Dirndlmieder, die dem Mieder eine figurnahe Form verleiht.

WOLFSZÄHNE

Spezielle Art der Auszier am Dirndl, ähnlich wie Borten oder Rüschen. Im Verhältnis zu anderen Schmuckformen ist sie kaum noch zu finden.

DOROTHEA UND BIRGITT WILHELM sind das Mutter-Tochter-Duo hinter dem Blog »Dirndl-schleifchen«. Dorothea ist echte Münchnerin und an einem Wiesneröffnungssamstag geboren. Ihre Mutter Birgitt Wilhelm ist begeisterte Hobbyschneiderin und weiß die besten Nähtipps für alles rund ums Dirndl.

MIX
Papier | Fördert gute Waldnutzung
FSC® C020353
FSC www.fsc.org

3. Auflage
 Gesetzt aus der GT America und der Louize

Medieninhaber, Verleger und Herausgeber:
Red Bull Media House GmbH
Oberst-Lepperdinger-Straße 11–15
5071 Wals bei Salzburg, Österreich

Umschlaggestaltung, Layout & Satz: wir sind artisten
Lektorat: Martina Paischer
Coverfoto: Dominik Schachten/Da Schachten
Innenteilfotos: Alle Fotos Dorothea Wilhelm/dirndlschleifchen.de; außer S. 2, 9, 12, 13, 16, 26, 34/45, 42, 46, 64, 82, 88, 89, 92, 94, 95, 122 unten, 124/125, 128, 135, 136: Dominik Schachten/Da Schachten; S. 36: shutterstock.com;
Stoffstruktur: Chinnapong/Shutterstock.com
Illustrationen S. 30–33: Katjana Lacatena/carolineseidler.com

Danke an Stoffe Egert für das Bereitstellen der Stoffe und aller Materialien für die beiden Dirndl!

Printed by Neografia in Slovakia

ISBN 978-3-7104-0219-7